Coleção Eu gosto m@is

Língua Espanhola

Maria Cristina G. Pacheco
Pesquisadora, licenciada em pedagogia e artes plásticas; docente de língua inglesa e de língua espanhola em diversas instituições de ensino em São Paulo; autora de livros didáticos e paradidáticos em línguas estrangeiras.

María R. de Paula González
Docente em língua inglesa e espanhola; coordenadora em vários cursos de idiomas em São Paulo.

3º ano
Ensino Fundamental

IBEP

3ª edição
São Paulo
2015

Coleção Eu gosto m@is
Língua Espanhola 3º ano
© IBEP, 2015

Diretor superintendente	Jorge Yunes
Diretora editorial	Célia de Assis
Gerente editorial	Maria Rocha Rodrigues
Coordenadora editorial	Simone Silva
Assessoria pedagógica	Valdeci Loch
Analista de conteúdo	Cristiane Guiné
Editor	Ricardo Soares
Assistentes editoriais	Andrea Medeiros, Juliana Gardusi, Helcio Hirao
Coordenadora de revisão	Helô Beraldo
Revisão	Beatriz Hrycylo, Cássio Dias Pelin, Fausto Alves Barreira Filho, Luiz Gustavo Bazana, Rosani Andreani, Salvine Maciel, Thiago Dias, Luana Renata Pinheiro Dias
Secretaria editorial e Produção gráfica	Fredson Sampaio
Assistentes de secretaria editorial	Carla Marques, Karyna Sacristan, Mayara Silva
Assistentes de produção gráfica	Ary Lopes, Eliane Monteiro, Elaine Nunes
Coordenadora de arte	Karina Monteiro
Assistentes de arte	Aline Benitez, Gustavo Prado Ramos, Marilia Vilela, Thaynara Macário
Coordenadora de iconografia	Neuza Faccin
Assistentes de iconografia	Bruna Ishihara, Camila Marques, Victoria Lopes, Wilson de Castilho
Ilustração	Lie Kobayashi, José Luis Juhas, Dawidson França, Ivan Coutinho
Processos editoriais e tecnologia	Elza Mizue Hata Fujihara
Projeto gráfico e capa	Departamento de Arte - IBEP
Ilustração da capa	Manifesto Game Studio
Diagramação	SG-Amarante Editorial

CIP-BRASIL. CATALOGAÇÃO-NA-FONTE
SINDICATO NACIONAL DOS EDITORES DE LIVROS, RJ

G624L
3. ed.

    González, María R. de Paula
    Língua espanhola, 3º ano : ensino fundamental / María R. de Paula González. – 3. ed. – São Paulo : IBEP, 2015.
      il. ; 28 cm.   (Eu gosto mais)

ISBN 9788534244077 (aluno) / 9788534244084 (mestre)

1. Língua espanhola – Estudo e ensino (Ensino fundamental). I. Título. II. Série.

15-21634   CDD: 372.6561
                               CDU: 373.3.016=134.2

06/04/2015   10/04/2015

Impressão e Acabamento
Oceano Indústria Gráfica e Editora Ltda
Rua Osasco, 644 - Rod. Anhanguera, Km 33
CEP 07753-040 - Cajamar - SP
CNPJ: 67.795.906/0001-10

3ª edição – São Paulo – 2015
Todos os direitos reservados

IBEP
Av. Alexandre Mackenzie, 619 – Jaguaré
São Paulo – SP – 05322-000 – Brasil – Tel.: (11) 2799-7799
www.editoraibep.com.br   editoras@ibep-nacional.com.br

APRESENTAÇÃO

Bem-vindos!

Como autoras da Coleção **Eu gosto m@is – Língua Espanhola**, esperamos que alunos, pais e professores possam desfrutá-la desde a primeira aula.

Brincando e aprendendo, desenhando e pintando, lendo, ouvindo, falando e escrevendo, vamos aprender espanhol.

Aprenderemos este idioma para melhorar nossa comunicação, para ampliar nosso conhecimento e ser, a cada dia, cidadãos mais integrados no mundo.

AS AUTORAS

ÍNDICE DE CONTENIDOS

LECCIÓN	PÁGINA

1 **¿Vamos a jugar al parque?** — 6
(Vamos brincar no parque?)
- Contenido lingüístico: hablar de juguetes y juegos; hacer cuentas; hablar de cantidades.
- Contenido gramatical: los números; verbos jugar, encontrar, llevar, conocer, tener.

2 **Historia de los Juegos Olímpicos** — 18
(História dos Jogos Olímpicos)
- Contenido lingüístico: hablar de deportes y juegos; hablar de colores; decir la hora; hablar de las rutinas diarias.
- Contenido gramatical: verbos reflexivos acostarse, levantarse; verbos estudiar, llegar, ver, comer.

Revisión — 29
(Revisão)

3 **¿Vamos al zoo?** — 32
(Vamos ao zoológico?)
- Contenido lingüístico: los días de la semana; los comercios, los animales salvajes.
- Contenido gramatical: adjetivos descriptivos; verbos abrir, funcionar, estar, almorzar.

4 **¿Qué me pongo?** — 44
(O que eu visto?)
- Contenido lingüístico: la ropa; los meses del año; las estaciones; los cumpleaños.
- Contenido gramatical: verbo reflexivo ponerse; verbos en gerundio; verbos vestir, elegir, usar, aprender, nadar.

Revisión — 59
(Revisão)

LECCIÓN		PÁGINA
5	**¿Vamos al súper?** (Vamos ao supermercado?)	62
	• Contenido lingüístico: hablar de los alimentos y las comidas: desayuno, almuerzo y cena; pedir en el restaurante.	
	• Contenido gramatical: ¿por qué? y porque; pronombres relativos: algún, ningún, verbo gustar.	
6	**Voy a ser...** (Eu vou ser...)	72
	• Contenido lingüístico: profesiones.	
	• Contenido gramatical: pronombres personales; verbos en la forma negativa; adverbios de cantidad, comparativos.	
	Revisión (Revisão)	84
7	**¿Qué le pasa a Juan?** (O que acontece com Juan?)	88
	• Contenido lingüístico: las partes del cuerpo; hablar de enfermedades y síntomas.	
	• Contenido gramatical: verbo doler.	
8	**Llegan las vacaciones** (Chegam as férias)	100
	• Contenido lingüístico: hablar de lugares de diversión, juegos y paseos.	
	• Contenido gramatical: verbos ir, tomar, chocar, escribir, gustar, ayudar; verbos reflexivos cepillarse, peinarse.	
	Revisión (Revisão)	107
	Glosario (Glossário)	109
	Actividades complementarias (Atividades complementares)	113

LECCIÓN 1

¿Vamos a jugar al parque?

(Vamos brincar no parque?)

Escucha y lee.
(Escute e leia.)

IVAN COUTINHO

Tío Quique viene con Rosa y nos lleva al parque en **coche**.

Llevamos muchos juguetes: una **pelota**, una **muñeca**, un balde y varias **palas**.

En el parque nos encontramos con unos amigos y jugamos todos con los autitos de carrera, el oso de **peluche** y los **patines**.

Pasamos un día muy lindo.

Volvemos a casa a la noche muy felices.

Texto hecho especialmente para el libro.

LÍNGUA ESPANHOLA

VOCABULARIO

coche/auto: carro.   **palas:** pás.   **pelota:** bola.
muñeca: boneca.   **patines:** patins.   **peluche:** pelúcia.

ACTIVIDADES

1 Lee el texto y contesta las preguntas.
(Leia o texto e responda as perguntas.)

a) ¿Adónde van los chicos?

Ellos van al _____.

b) ¿Cómo lleva los chicos al parque el tío Quique?

Él lleva los chicos _____.

c) ¿Qué juguetes llevan?

Ellos llevan una _____, una _____,

un _____ y varias _____.

d) ¿Tú conoces estos juguetes?

_____.

e) ¿Con quiénes se encuentran?

Se encuentran con unos _____.

2 Marca **sí** o **no** a los juguetes que aparecen en el texto.
(Marque sim ou não para os brinquedos que aparecem no texto.)

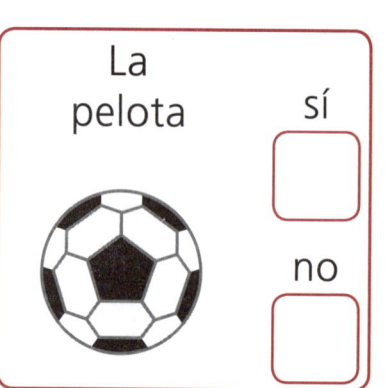

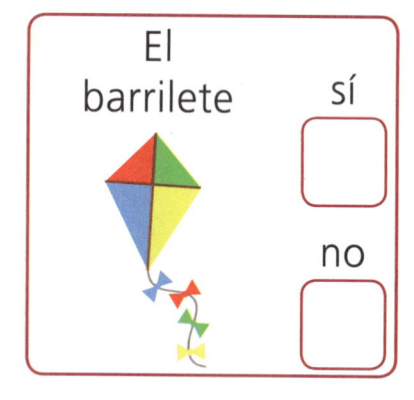

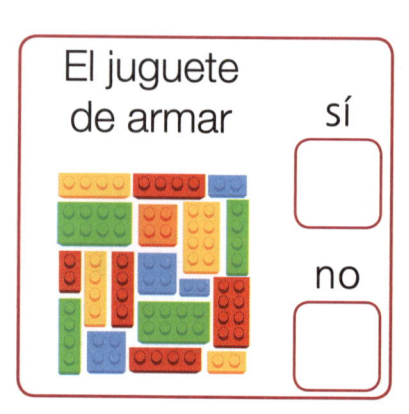

El autito de carrera	sí / no	El videojuego	sí / no	El robot	sí / no
El rompecabezas	sí / no	La pelota	sí / no	El tren	sí / no
El barrilete	sí / no	El super héroe	sí / no	La muñeca	sí / no
El oso de peluche	sí / no	El cohete	sí / no	El juguete de armar	sí / no

3 Escribe los nombres de los juguetes.
(Escreva os nomes dos brinquedos.)

4 ¿Con qué juguetes te gusta jugar? Usa los artículos correspondientes.
(Com que brinquedo você gosta de brincar? Use os artigos correspondentes.)

5 Completa las frases usando las palabras del cuadro.
(Complete as frases usando as palavras do quadro.)

| balde y la pala | juego | patines | pelota |
| osito de peluche | muñeca | bicicleta | |

a) Yo juego con la _____.

b) Tú juegas con la _____.

c) Rita juega con el _____.

d) Pedro juega con los _____.

e) Nosotras jugamos con la _____.

f) Ellos juegan con el _____.

g) Yo _____ con el autito.

6 Vamos a conocer el verbo jugar en el presente de indicativo y completar las frases.
(Vamos conhecer o verbo *jugar* no presente do indicativo e completar as frases.)

a) Ella _____ con la muñeca.

b) Tú _____ con el balde.

c) Pedro _____ con el dado.

d) María _____ con la muñeca.

e) Él _____ con la bici.

f) Tú y yo _____ con la bici.

g) Ellos _____ con los ositos.

Verbo jugar

Yo juego	Nosotros jugamos
Tú juegas	Vosotros jugáis
Él/Ella/Ud. juega	Ellos/Ellas/Uds. juegan

Yo juego con la pelota.

Mis amigos juegan con la pelota.

LÍNGUA ESPANHOLA

Los números

(Os números)

20 – veinte	**41** – cuarenta y uno o cuarentaiuno
21 – veintiuno	**50** – cincuenta
22 – veintidós	**51** – cincuenta y uno o cincuentaiuno
23 – veintitrés	**60** – sesenta
24 – veinticuatro	**61** – sesenta y uno o sesentaiuno
25 – veinticinco	**70** – setenta
26 – veintiséis	**71** – setenta y uno o setentaiuno
27 – veintisiete	**80** – ochenta
28 – veintiocho	**81** – ochenta y uno o ochentaiuno
29 – veintinueve	**88** – ochenta y ocho o ochentaiocho
30 – treinta	**90** – noventa
31 – treinta y uno o treintaiuno	**91** – noventa y uno o noventaiuno
40 – cuarenta	**100** – cien

7 ¿Qué números son estos? Escríbelos.
(Que números são estes? Escreva-os.)

a) veintisiete

b) treinta y cuatro o treintaicuatro

c) cuarenta y dos o cuarentaidós

d) sesenta y nueve o sesentainueve

e) ochenta y tres o ochentaitrés

8 Escribe el resultado de las cuentas, en letras.
(Escreva o resultado das contas por extenso.)

a) 32 + 12 + 1= _____

b) 73 − 42= _____

c) 69 − 41= _____

d) 23 + 75= _____

9 Relaciona los números.
(Relacione os números.)

a) sesenta   81

b) ochentaiuno   96

c) cuarenta y tres   60

d) noventaiséis   43

10 Escribe el resultado de las cuentas.
(Escreva o resultado das contas.)

a) Dos + veinte = _____.

b) Veintiuno + catorce = _____.

c) Veintiséis + diez = _____.

d) Once + cuarenta = _____.

e) Doce + cincuenta = _____.

f) Trece + sesenta = _____.

g) Quince + ochenta = _____.

h) Dieciséis + treinta = _____.

11 Escucha y completa las oraciones con los juguetes.
(Escute e complete as orações com os brinquedos.)

a) Rita y yo jugamos _____.

b) Mis amigos tienen _____.

c) Yo tengo _____.

d) Rita tiene _____.

12 Investiga acerca del juguete que más te guste.
(Pesquise sobre o brinquedo de que você mais gosta.)

La historia de los juguetes en el siglo XX

(A história dos brinquedos no século XX.)

En 1902 se lanzan en los Estados Unidos los famosos osos de peluche.

En 1972 se introdujo la primera máquina de videojuego.

La pelota es uno de los juguetes más antiguos del mundo.

En 1959 la muñeca Barbie™ fue presentada en la feria americana del juguete.

En 1930, el dinamarqués Ole Kirk Christiansen inventó el juguete de armar Lego™, que significa jugar bien.

LECCIÓN 2
Historia de los Juegos Olímpicos
(História dos Jogos Olímpicos)

Escucha y lee.
(Escute e leia.)

Estadio Panateneas o Kallimarmaro en Atenas. El lugar fue sede de los primeros Juegos Olímpicos modernos en 1896.

Los primeros Juegos Olímpicos fueron celebrados en Olimpia, Grecia, en el año 776 a.C., en honor a los dioses griegos.

Los vencedores de todas las competencias reciben una **corona** de **laureles** que se llama "Corona Olímpica".

Uno de los objetivos de las Olimpíadas es mostrar que el deporte es muy importante para promover la paz entre los diferentes **pueblos**.

La Olimpíada se hace cada cuatro años y su bandera está diseñada sobre un **fondo** blanco con cinco aros entrelazados, representando los 5 continentes: azul, Europa; rojo, América; negro, África; verde, Oceanía; amarillo, Asia.

Texto hecho especialmente para el libro.

VOCABULARIO

corona: coroa. **fondo:** fundo. **laureles:** louros. **pueblos:** povos.

ACTIVIDADES

1 Lee el texto y contesta las preguntas.
(Leia o texto e responda as perguntas.)

a) Los primeros Juegos Olímpicos se realizaron en _____.

b) Los vencedores de las pruebas reciben la _____.

c) Uno de los objetivos de las Olimpíadas es mostrar que el _____ es muy importante para _____ entre los diferentes pueblos.

d) Los Juegos Olímpicos se hacen cada _____ años.

e) ¿Qué representan los cinco aros coloridos de la bandera olímpica?

Representan _____.

La Corona Olímpica.

Los cinco aros olímpicos.

2 Muestra algo de las olimpíadas en Brasil.
(Mostre algo sobre as olimpíadas no Brasil.)

Los deportes

(Os esportes)

¿Qué deportes te gustan?

El ajedrez

El fútbol

El voleibol/balonvolea

El baloncesto/básquet

El tenis (paralímpico)

El pimpón/ping-pong

3 Contesta las preguntas. Después habla con tu compañero sobre deportes.
(Responda as perguntas. Depois, converse com seu colega sobre esportes.)

a) ¿Qué deportes se practican más en Brasil?

_____

b) ¿Qué deporte practicas? _____.

c) ¿Qué deporte te gusta? _____.

d) ¿Cuántos jugadores tiene un equipo de fútbol?

_____

e) Adivina qué deporte es:

- El equipo tiene seis jugadores: _____.

- Es un juego que se juega con pelota ligera y con palas pequeñas de madera a modo de raquetas sobre una mesa:

_____

- Neymar juega al _____.

- Tiene un tablero de 32 piezas movibles (dos reyes, dos reinas y varias otras piezas) que es disputado entre dos personas:

_____

- El balón entra en el cesto que hay en la cancha:

VOCABULARIO

cesto: cesta.
equipo: time.
pelota/balón: bola.
tablero: tabuleiro.

LÍNGUA ESPANHOLA

Vamos a decir la hora

(Vamos dizer as horas.)

Es mediodía

Es medianoche

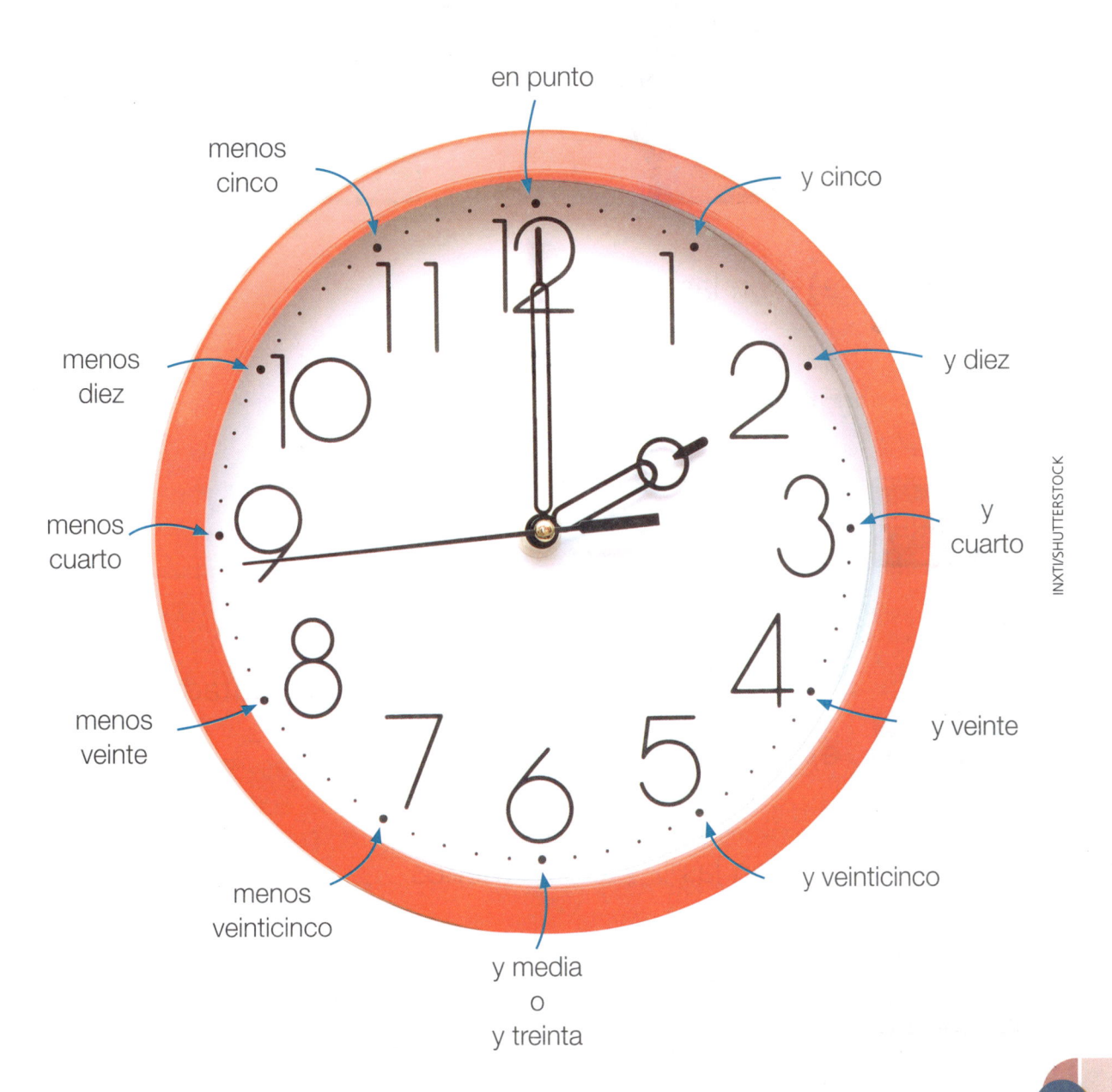

- en punto
- y cinco
- y diez
- y cuarto
- y veinte
- y veinticinco
- y media o y treinta
- menos veinticinco
- menos veinte
- menos cuarto
- menos diez
- menos cinco

4 Di la hora.
(Diga a hora.)

¿Qué hora es?

Son las ocho menos veinticinco.

a) Son las _____ y _____.

b) Son las _____ y veinte.

c) Son las siete y _____.

d) Son las _____ y _____.

e) Son las nueve menos _____.

f) Son las _____ menos _____.

g) Son las _____ menos _____.

5 ¿Qué hora es? Relaciona las frases a los dibujos y colorea los relojes.
(Que horas são? Relacione as frases aos desenhos e pinte os relógios.)

a) Son las dos y cuarto.

b) Es la una y veinte.

c) Son las ocho menos diez.

d) Son las seis menos cuarto.

e) Son las cuatro y media.

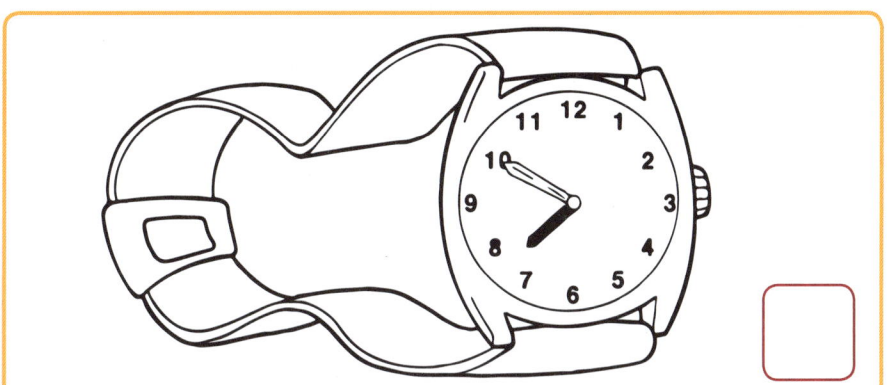

6 Escucha y marca la hora en los relojes. Escribe las horas en letras.
(Escute e marque a hora nos relógios. Escreva as horas por extenso.)

7 Completa los verbos.
(Complete os verbos.)

	Yo	Tú	Él/Ella/Ud.
estudiar	estudio		
llegar		llegas	
desayunar			desayuna
ver		ves	
comer			come
escribir	escribo		
acostarse		te acuestas	
levantarse			se levanta
cepillarse		te cepillas	
peinarse	me peino		

VOCABULARIO

acostar: deitar.
cepillar: escovar.
comer: comer.
desayunar: tomar café da manhã.
escribir: escrever.
estudiar: estudar.
levantar: levantar.
llegar: chegar.
peinar: pentear.
ver: ver.

8 Completa las frases con los verbos en presente.
(Complete as frases com os verbos no presente.)

> **Modelos:**
>
> ¿A qué hora estudias? **Estudio** a las 14h.
>
> ¿A qué hora tu padre llega a tu casa? Él **llega** a las 12h.

a) ¿A qué hora ves la tele? _____ la tele a las 17:30.

b) ¿A qué hora comes? _____ a las 13h.

c) ¿A qué hora desayunas? _____ a las ocho.

d) ¿A qué hora escribes tus cartas? Las _____ a las cuatro.

e) ¿A qué hora te acuestas? Me _____ a las nueve.

f) ¿A qué hora te levantas? Me _____ a las seis y media.

g) ¿A qué hora te cepillas los dientes? Me _____ los dientes a las cinco.

h) ¿A qué hora te peinas? Me _____ a las nueve.

i) ¿A qué hora tu hermana se acuesta? Ella _____ a las diez y media.

j) ¿A qué hora tu abuelo se levanta? Él _____ a las seis.

REVISIÓN

Aprendiste:
(Você aprendeu:)

- a decir los nombres de los juguetes:
  la pelota, la muñeca, el balde, la pala, el autito de carrera, el oso de peluche, los patines.
- a conjugar el verbo jugar en el presente de modo indicativo: "Yo juego a la pelota" etc.
- los números (20 a 100).
- la historia de las Olimpíadas y de los Juegos Olímpicos.
- los nombres de los deportes:
  el balonvolea, el tenis, el baloncesto, el ajedrez, el fútbol, el pimpón.
- las horas.

1 Las palabras están enloquecidas. Ponlas en orden.
(As palavras estão enlouquecidas. Coloque-as em ordem.)

O L P T A E _____

T A U T I O _____

P C H E U L E _____

T P N A I S E _____

S P A A L _____

2 Completa los verbos.
(Complete os verbos.)

a) Yo jue_____ a la pelota.

b) Mi amiga ju_____ con el oso de peluche.

c) Nosotras tres ju_____ con el autito.

d) Tú jue_____ con los patines.

3 Escribe los números en letras.
(Escreva os números por extenso.)

a) 85 _____

b) 27 _____

c) 62 _____

d) 36 _____

e) 54 _____

f) 71 _____

4 Busca y circula la palabra intrusa.
(Procure e circule a palavra intrusa.)

a) balón, pelota, raqueta, manzana

b) tenis, damas, baloncesto, fútbol

c) y media, en punto, menos cuarto, tarde

d) Grecia, corona de laureles, paz, egoísmo

5 ¿Qué hora es? Marca la alternativa correcta.
(Que horas são? Marque a alternativa correta.)

a) `17:30`
- ☐ Es la cinco y media.
- ☐ Son las cinco y media.

b) `12:40`
- ☐ Es la una menos veinte.
- ☐ Son las doce menos veinte.

c) `02:35`
- ☐ Son las dos y treinta y cinco.
- ☐ Son las tres menos treinta y cinco.

d) `23:20`
- ☐ Son las once menos veinte.
- ☐ Son las once y veinte.

e) `01:50`
- ☐ Es la una y diez.
- ☐ Son las dos menos diez.

6 Marque con ✓ las alternativas verdaderas o falsas.
(Marque com ✓ as alternativas verdadeiras ou falsas.)

	V	F
a) Las Olimpíadas se hacen cada 5 años.	☐	☐
b) Los deportes son muy importantes.	☐	☐
c) La Corona Olímpica es para los perdedores.	☐	☐
d) Los primeros Juegos Olímpicos fueron en Egipto.	☐	☐
e) España está representada en el aro verde.	☐	☐

LECCIÓN 3

¿Vamos al zoo?
(Vamos ao zoológico?)

Escucha y lee.
(Escute e leia.)

Graciela:	Pedro, la profesora dice que vamos de excursión al zoológico.
Pedro:	**¡Bárbaro!**, ¿cuándo?
Graciela:	El próximo **martes** por la mañana.
Pedro:	Me encanta el zoológico. ¿Qué animal te gusta más?
Graciela:	Los leones. **Pero** también me gustan los **osos**.
Pedro:	Yo prefiero el elefante.
Graciela:	Los **monos** son los más **graciosos**.
Pedro:	Sí, ¡qué lindo ir al zoo!

VOCABULARIO

¡bárbaro!: fantástico! **martes:** terça-feira. **osos:** ursos.
gracioso: engraçado. **monos:** macacos. **pero:** mas.

ACTIVIDADES

1 Lee el texto y contesta las preguntas.
(Leia o texto e responda as perguntas.)

a) ¿Adónde van Pedro y Graciela? ¿Cuándo?

Ellos van _____.

b) ¿Van con sus padres?

No, van con _____.

c) ¿Qué animales prefiere Graciela?

Ella prefiere _____ y _____.

d) ¿Qué animales prefiere Pedro?

Él prefiere _____.

e) ¿Qué animales son los más graciosos?

_____.

f) ¿Cuál animal prefieres ver en el zoo, el oso o el león?

Yo prefiero _____.

2 Relaciona los adjetivos con los animales.
(Relacione os adjetivos com os animais.)

1. ruidoso

2. gracioso

3. feroz

4. grande

5. cola larga

6. marrón

7. gris

8. verde

mono

oso

león

cocodrilo

hipopótamo

elefante

3 Vamos a hacer un plegado. Ve a la página 115 y sigue las instrucciones.
(Vamos fazer uma dobradura. Vá para a página 115 e siga as instruções.)

LÍNGUA ESPANHOLA

4 Completa las frases usando una calidad para cada animal.
(Complete as frases usando uma qualidade para cada animal.)

cola corta	gris	pequeño
cola larga	marrón	ruidoso
gracioso	negro	silencioso
grande	pelo corto	sin cola

Modelo:

- El león es **feroz**.
  Los leones son **feroces**.

- El león tiene cola **larga**
  Los leones tienen colas **largas**.

a) El elefante es _____.

Los elefantes son _____.

b) El mono es _____.

Los monos son _____.

c) El oso es _____.

Los osos son _____.

d) El elefante tiene _____.

Los elefantes tienen _____.

e) El oso no tiene _____.

Los osos no tienen _____.

5 Vamos a hacer un collage y armar un zoo. Ve a la página 119.
(Vamos fazer uma colagem e montar um zoológico? Vá para a página 119.)

_____

_____

_____

_____

Vamos a conocer los días de la semana.
(Vamos conhecer os dias da semana.)

lunes
(segunda-feira)

martes
(terça-feira)

miércoles
(quarta-feira)

jueves
(quinta-feira)

viernes
(sexta-feira)

sábado
(sábado)

domingo
(domingo)

Los lunes y miércoles yo tengo clases de inglés.

Los martes y viernes no tengo nada en especial.

Los sábados yo voy de paseo, visito a mis abuelos o descanso en casa.

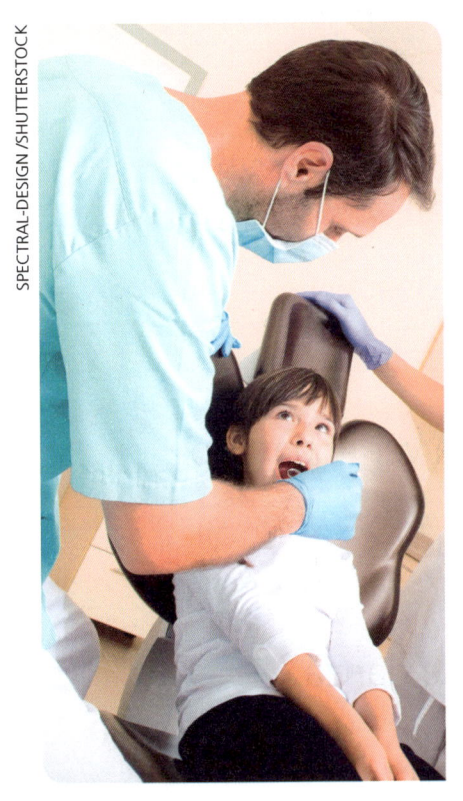

Los jueves yo voy al dentista.

Los domingos yo voy al cine.

6 Copia los días de la semana.
(Copie os dias da semana.)

l _____, m _____, _____s,

_____s, v_____, ___ á_____

y _____o.

7 Escucha y marca lo que hace Marta durante la semana.
(Escute e marque as atividades de Marta durante a semana. Escolha uma alternativa para cada dia da semana.)

a) Los lunes
- ☐ voy al supermercado.
- ☐ visito el museo.

b) Los martes
- ☐ tengo clases de inglés.
- ☐ voy a la natación.

c) Los miércoles
- ☐ voy al cine.
- ☐ estudio.

d) Los jueves
- ☐ voy al estadio a ver el partido.
- ☐ visito a mis abuelos.

e) Los viernes
- ☐ voy a la clase de danza.
- ☐ juego con la bici.

f) Los sábados
- ☐ descanso.
- ☐ voy de paseo.

g) Los domingos
- ☐ estudio.
- ☐ juego a la pelota.

8 Pinta de verde lo que te gusta hacer los domingos y de rojo lo que no te gusta.
(Pinte de verde o que você gosta de fazer aos domingos e de vermelho o que não gosta.)

Me gusta	No me gusta
☐ Jugar a la pelota.	☐ Leer un libro.
☐ Descansar.	☐ Jugar con los amigos.
☐ Ver la tele.	☐ Ir al restaurante.
☐ Ir en bici.	☐ Hacer los deberes.
☐ Limpiar la habitación.	☐ Dormir hasta tarde.
☐ Dormir temprano.	☐ Comer dulces.

9 Pregunta a tu amigo(a) qué le gusta hacer y marca con ✓.
(Pergunte ao seu(sua) amigo(a) o que ele(a) gosta de fazer e marque com um ✓.)

Almorzar con la familia. ☐

Jugar con la bicicleta. ☐

Leer un libro. ☐

Ir al parque. ☐

Locales comerciales

(Centros comerciais.)

Al lado de mi casa hay una farmacia.

Los domingos almorzamos en restaurantes.

Nunca voy al correo.

Mi abuelo siempre me lleva al cine.

A veces yo voy al teatro. Me gusta.

Todas las semanas voy al súper.

10 Relaciona las columnas y forma todas las frases posibles.
(Relacione as colunas e escreva todas as frases possíveis.)

La farmacia   abre para el desayuno.

El restaurante   abre los viernes, sábados y domingos.

El correo   está al lado del teatro.

El súper   abre por las tardes.

El teatro   funciona hasta las 17:00.

El cine   vende muñecas y pelotas.

11 Dibuja y nombra algún comercio de la calle en la que vives.
(Desenhe e indique algum comércio na rua onde você mora.)

12 ¿Vamos a ayudar los animales a encontrar los alimentos?
(Vamos ajudar os animais a encontrar os alimentos?)

13 ¿Vamos a jugar?
(Vamos jogar?)

INICIO — 1, 2, 3, Fuiste picado por una víbora... Vuelve 2 casillas., 5, 6, ¡Cocodrilos! Perdiste una jugada., 8, ¡Atajo! Ganaste 1., 11, 12, 13, 14, Te caíste en el río, vuelve 2 casillas., 16, 17, 18, 19, ¡Suerte! Cuélgate y salta 2 casillas., 21, 22, 23, 24, 25, 26, Salta 2 casillas., 28, 29, 30, 31, 32, 33, ¡Te caíste! Perdiste una jugada., 35, 36, 37, 38, 39, 40, 41 ¡GANASTE!

DAWIDSON FRANÇA

LECCIÓN 4

¿Qué me pongo?
(O que eu visto?)

Escucha y lee.
(Escute e leia.)

Ana y Lu están hablando por teléfono.

Ana: Hola, Lu. ¿Qué tal?
Lu: Hola, Ana. ¿Qué haces?
Ana: Estoy **eligiendo** la ropa para ir al **cumple** de Mario. ¿Con qué ropa vas?
Lu: Con un vestido rojo. ¿Y tú?
Ana: No sé qué ponerme…
Lu: Los pantalones azules **te caen bien**.
Ana: Pero, no tengo camiseta.
Lu: Yo te **presto** una camisa blanca.
Ana: Está bien, entonces. Muchas gracias.
Lu: ¡Hasta mañana!
Ana: ¡Chau!, un beso.

VOCABULARIO

cumple: aniversário.
eligiendo: escolhendo.
te caen bien: ficam bem em você.
te presto: te empresto.

ACTIVIDADES

1 Completa las frases según el texto.
(Completa as frases segundo o texto.)

a) _____ y _____ están hablando por _____.

b) Ana está eligiendo la _____.

c) La fiesta es el _____ de _____.

d) ¿Con qué ropa va Lu al cumple?

Lu va al cumple con un _____.

e) ¿Con qué ropa va Ana al cumple?

Ana va con unos _____ y una _____.

f) ¿Qué ropa Lu va a prestar a Ana?

_____.

g) ¿Qué día es tu cumple? _____.

h) ¿Qué ropa estás vistiendo ahora?

_____.

2 Nombra las piezas de ropa.
(Dê nome às peças de roupa.)

VOCABULARIO

bombacha/braga: calcinha.
calzoncillo: cueca.
falda: saia.
medias: meias.
pantalones: calças.
vaqueros: *jeans*.

3 Pega las ropas de acuerdo con el orden abajo. Ve a la página 123.

(Cole as roupas de acordo com a ordem abaixo. Vá para a página 123.)

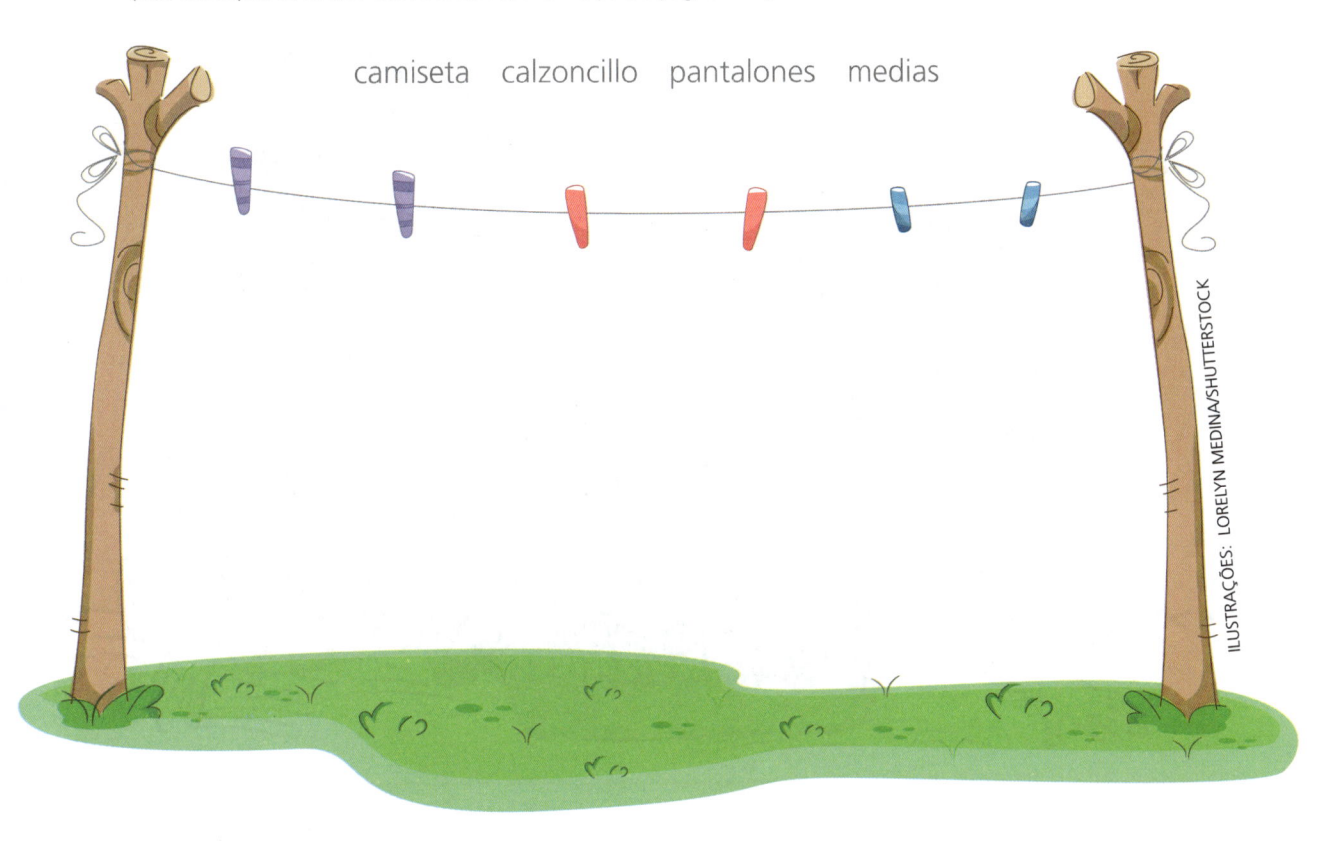

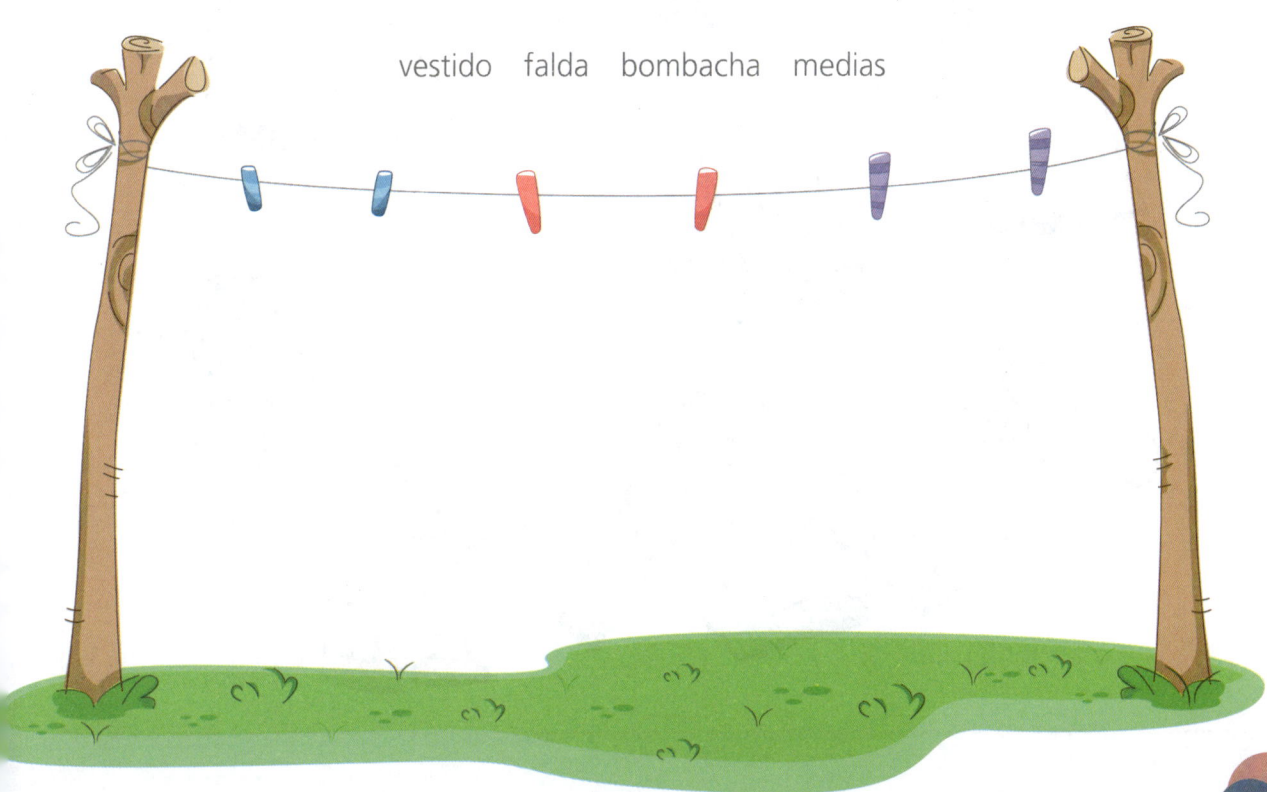

camiseta   calzoncillo   pantalones   medias

vestido   falda   bombacha   medias

4 Escucha y marca el contenido de la mochila de Mario.
(Escute e marque o conteúdo da mochila do Mario.)

LÍNGUA ESPANHOLA

5 Vamos a conocer los gerundios de los verbos. Subraya los verbos de las siguientes frases.
(Vamos conhecer os gerúndios dos verbos. Sublinhe os verbos das seguintes frases.)

La niña está comiendo una comida saludable.

La niña está leyendo un libro.

El niño está hablando por teléfono.

Ella está nadando en la pileta.

Él está jugando.

Fíjate en la diferencia.
(Preste atenção na diferença.)

Pedro **juega** al fútbol.
(Pedro joga futebol.)

Pedro está **jugando** al fútbol.
(Pedro está jogando futebol.)

A primeira frase está no presente e indica uma ação habitual.

A segunda frase indica que a ação está acontecendo no momento exato da conversação, ou seja, é uma ação contínua.

Para escrever as ações que estamos realizando no momento, usamos o verbo *estar* + gerúndio (verbos com as terminações *-ando*, *-iendo* ou *-yendo*).

6 Completa con los verbos en gerundio que están en el cuadro.
(Complete com os verbos no gerúndio que estão no quadro.)

| aprendiendo | poniendo | nadando |
| estudiando | hablando | comiendo |

a) Ahora estoy _____ matemáticas. **(estudiar)**

b) Ella está _____ por teléfono. **(hablar)**

c) Nosotros estamos _____. **(nadar)**

d) ¿Te estás _____ la camiseta? **(poner)**

e) Estoy _____ español. **(aprender)**

f) ¿Él está _____ el sándwich de queso? **(comer)**

7 Completa las frases con los verbos en gerundio.
(Complete as frases com os verbos no gerúndio.)

hablando   estudiando   nadando
leyendo   aprendiendo

a) Ana está _____ francés.

b) Ella está _____ con amigos.

c) María está _____ en la pileta.

d) Tú estás _____ una revista.

e) Nosotros estamos _____ español.

8 Pon en orden y escribe las frases.
(Coloque em ordem e escreva as frases.)

a) los pantalones. / poniendo / Me / estoy

b) usando / está / un lindo / Ella / azul. / vestido

c) gustan / los vaqueros. / No me

d) estamos usando / del colegio. / Nosotros / el uniforme

e) está / aprendiendo / María / japonés.

f) estudiando / español. / Yo / estoy

g) está / poniéndose / las zapatillas / Mi hermano

h) por teléfono / Mi padre / hablando / está

i) en la pileta / Mi primo / está / nadando

Vamos a conocer los meses del año.
(Vamos conhecer os meses do ano.)

9 Pega aquí los meses en el orden correcto y arma el almanaque. Ve a la página 125.
(Cole aqui os meses em ordem correta e monte o calendário. Vá para a página 125.)

D	L	M	M	J	V	S
1	2	3	4	5	6	7
8	9	10	11	12	13	14
15	16	17	18	19	20	21
22	23	24	25	26	27	28
29	30	31				

D	L	M	M	J	V	S
			1	2	3	4
5	6	7	8	9	10	11
12	14	14	15	16	17	18
19	20	21	22	23	24	25
26	27	28				

D	L	M	M	J	V	S
			1	2	3	4
5	6	7	8	9	10	11
12	14	14	15	16	17	18
19	20	21	22	23	24	25
26	27	28	29	30	31	

D	L	M	M	J	V	S
						1
2	3	4	5	6	7	8
9	10	11	12	13	14	15
16	17	18	19	20	21	22
23	24	25	26	27	28	29
30						

D	L	M	M	J	V	S
	1	2	3	4	5	6
7	8	9	10	11	12	13
14	15	16	17	18	19	20
21	22	23	24	25	26	27
28	29	30	31			

D	L	M	M	J	V	S
					1	2
3	4	5	6	7	8	9
10	11	12	13	14	15	16
17	18	19	20	21	22	23
24	25	26	27	28	29	30

D	L	M	M	J	V	S
						1
2	3	4	5	6	7	8
9	10	11	12	13	14	15
16	17	18	19	20	21	22
23	24	25	26	27	28	29
30	31					

D	L	M	M	J	V	S
		1	2	3	4	5
6	7	8	9	10	11	12
13	14	15	16	17	18	19
20	21	22	23	24	25	26
27	28	29	30	31		

D	L	M	M	J	V	S
					1	2
3	4	5	6	7	8	9
10	11	12	13	14	15	16
17	18	19	20	21	22	23
24	25	26	27	28	29	30

D	L	M	M	J	V	S
1	2	3	4	5	6	7
8	9	10	11	12	13	14
15	16	17	18	19	20	21
22	23	24	25	26	27	28
29	30	31				

D	L	M	M	J	V	S
			1	2	3	4
5	6	7	8	9	10	11
12	13	14	15	16	17	18
19	20	21	22	23	24	25
26	27	28	29	30		

D	L	M	M	J	V	S
					1	2
3	4	5	6	7	8	9
10	11	12	13	14	15	16
17	18	19	20	21	22	23
24	25	26	27	28	29	30
31						

LÍNGUA ESPANHOLA

10 Completa las frases.
(Complete as frases.)

a) Mi cumple es en _____.

b) Las vacaciones son en _____.

c) El día de las madres es en _____.

d) El día de los padres es en _____.

11 ¿Cuál es el mes? Una las sílabas de un mismo color para formar palabras.
(Qual é o mês? Una as sílabas com a mesma cor e forme as palavras.)

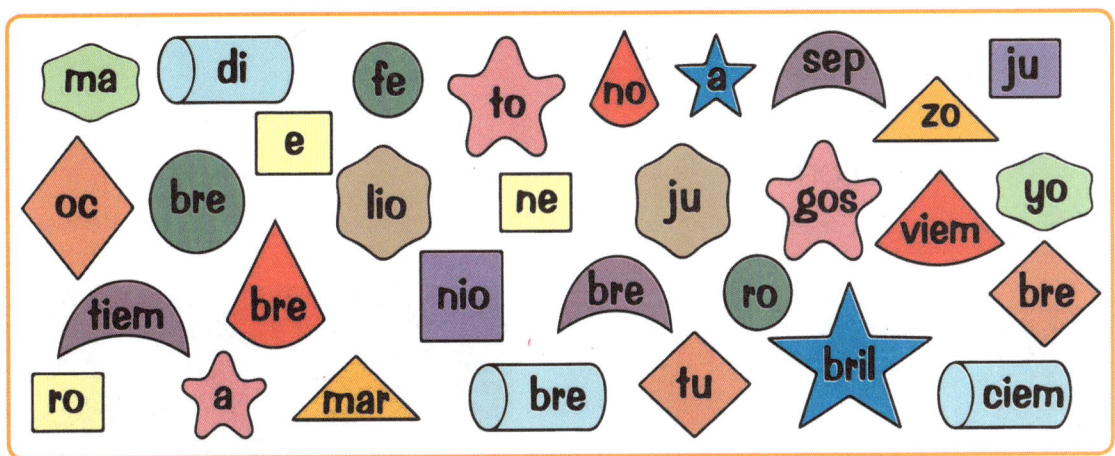

1 _____ 7 _____

2 _____ 8 _____

3 _____ 9 _____

4 _____ 10 _____

5 _____ 11 _____

6 _____ 12 _____

Las estaciones del año

(As estações do ano)

Bariloche

Otoño
(Outono)

Rio de Janeiro

Verano
(Verão)

Santiago

Invierno
(Inverno)

Buenos Aires

Primavera
(Primavera)

12 Completa las frases. Después dibuja la estación que más te gusta.
(Complete as frases. Depois faça um desenho da estação do ano que você mais gosta.)

a) Estamos en _____ y es _____

_____.

b) La estación del año que prefiero es _____.

En Brasil, _____ es en los meses

de _____, _____ y

_____.

La estación que más me gusta.

c) La estación que menos me gusta es _____.

En Brasil, _____ es en los meses

de _____, _____ y

_____.

13 Define la estación del año y completa el cuerpo de los dibujos con la ropa correspondiente.
(Defina a estação do ano e complete o corpo dos desenhos com a roupa correspondente.)

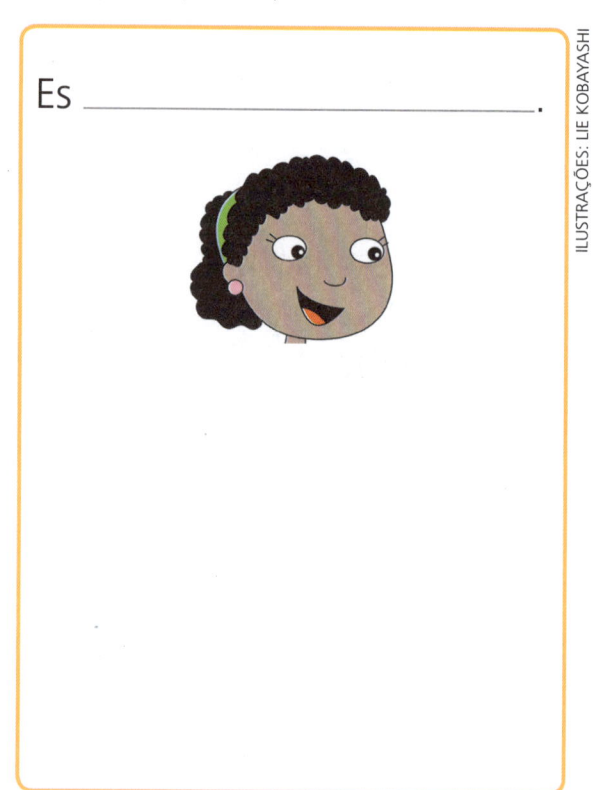

Es _____.

Es _____.

Es _____.

Estamos en _____.

14 ¿Cómo está el tiempo? Completa las frases con las palabras del cuadro.
(Como está o tempo? Complete as frases com as palavras do quadro.)

| calor | frío | caluroso |

¿Hace mucho _____ ahí en Salvador?

Sí, está muy _____.

¿Cómo está el tiempo ahí en Curitiba?

Muy _____.

15 Relaciona la ropa con la estación del año correspondiente.
(Relacione a roupa com a estação do ano correspondente.)

Modelo:

chinelas
(chinelos)

biquini
(biquíni)

bermudas
(bermuda)

invierno

primavera

verano

otoño

botas
(botas)

bufanda
(cachecol)

chándal
(agasalho)

ILUSTRAÇÕES: GETTY IMAGES

REVISIÓN

Aprendiste:
(Você aprendeu:)

- a decir los nombres de algunos animales salvajes y sus características:
  el león, el mono, el oso, el rinoceronte, el cocodrilo, el elefante.

- a decir los nombres de los días de la semana:
  lunes, martes, miércoles, jueves, viernes, sábado, domingo.

- a decir los nombres de los locales comerciales:
  el correo, el supermercado, la farmacia, el cine, el teatro, el restaurante.

- a usar el verbo gustar en el presente de modo indicativo.

- a decir los nombres de las ropas:
  el pantalón, el vestido, la bombacha, la camiseta, las medias, los calzoncillos, la camisa.

- a usar el gerundio de los verbos:
  hablando (hablar), estudiando (estudiar), jugando (jugar), nadando (nadar), poniendo (poner), aprendiendo (aprender).

- a decir los meses del año:
  enero, febrero, marzo, abril, mayo, junio, julio, agosto, septiembre, octubre, noviembre, diciembre.

- a decir las estaciones del año:
  otoño, verano, invierno, primavera.

1 Contesta escribiendo dónde puedes comprar o hacer las siguientes cosas.
(Responda escrevendo onde você pode comprar ou fazer as seguintes coisas.)

a) ...¿ver una película? _____

b) ...¿ir a almorzar con la familia? _____

c) ...¿comprar la leche y la carne? _____

d) ...¿y los remedios? _____

2 Escribe los días de la semana en el orden correcto.
(Colocar todos os dias da semana em ordem correta.)

| el viernes | el domingo | el jueves | el lunes |
| el sábado | el martes | el miércoles | |

_____

3 Escribe las frases en el orden correcto.
(Escreva as frases na ordem correta.)

a) A nosotras/ comer aquí./ nos gusta

_____

b) Al mono/ el agua./ no le gusta

_____

c) ¿A ellas/ vestidos rojos?/ les gustan los

_____

d) las vacaciones./ A los alumnos/ les gustan

_____

4 Escribe las fechas. ¿Cuándo es…
(Escreva as datas. Quando é…)

a) … el día de tu cumple? _____

b) … el Día del Trabajo? _____

5 ¿Cuál es la estación?
(Qual é a estação?)

a) Siempre salgo con pantalones y medias de lana.

_____

b) Las hojas de los árboles empiezan a caerse.

_____

c) Basta ponerme un vestido liviano que me refresca.

_____

d) ¡Qué hermosas las flores que le dan color al jardín!

_____

6 ¿Qué están haciendo estas personas? Sigue el modelo.
(O que estas pessoas estão fazendo? Siga o modelo.)

> **Modelo:**
>
> Rita – bañarse – ahora   Rita está bañándose ahora.

a) Juancho – hablar – con un amigo.

_____

b) Los niños – jugar – en el patio.

_____

LECCIÓN 5

¿Vamos al súper?
(Vamos ao supermercado?)

Escucha y lee.
(Escute e leia.)

Hija: Mami, quiero comer un dulce.
Madre: Huy, no hay ningún dulce en casa. ¿Por qué no comes un yogurt?
Hija: Bueno. Pero mami, ¡no hay tampoco!
Madre: ¡Caramba!, hagamos unos sándwiches entonces.
Hija: Sí, y para tomar, leche con chocolate.
Madre: Problemas... ¡Tampoco hay!
Hija: Bueno, me parece que tenemos que ir al súper.
Madre: ¡Vamos!

ACTIVIDADES

1 Según el texto, completa o contesta.
(Complete ou responda de acordo com o texto.)

a) La niña quiere comer un _____.

b) ¿Hay algún dulce en la casa?

☐ Sí que hay. ☐ No hay ningún dulce.

c) Entonces, la madre sugiere un _____.

d) Y, ¿hay lo que sugiere la madre?

☐ Sí que hay. ☐ No hay tampoco.

e) Y entonces deciden comer unos _____.

f) Y, ¿qué pasa?

_____.

g) La madre y la hija deciden ir al _____.

h) ¿Por qué?

Porque _____.

i) Escribe todas las comidas y bebidas citadas.

_____

_____.

El desayuno
(O café da manhã)

2 Vamos a conocer algunos de los alimentos del desayuno. 
(Vamos conhecer os alimentos do café da manhã.)

| el queso |  el café |  la galleta |  la manteca |  el pan |

| el sándwich |  la jalea |  la leche |  el té |  el yogurt |

FOTOGIUNTA/NATA-LIA/IN GREEN/MARGOUILLAT PHOTO/ANNA KUCHEROVA/STEAMROLLER_BLUES/MULTIART/D7INAMI7S/IFONG/MARAZE/SHUTTERSTOCK

3 Cuándo tienes hambre, ¿qué te gusta comer en el desayuno?
(Quando você está com fome, o que você gosta de comer no café da manhã?)

☐ pan   ☐ leche   ☐ fruta
☐ zumo de naranja   ☐ huevo   ☐ café
☐ manteca   ☐ queso   ☐ chocolate

VOCABULARIO

dulce: doce.
galleta: bolacha.
hambre: fome.
huevo: ovo.
jalea: geleia.
leche: leite.
mantequilla/manteca: manteiga.
pan: pão.
panadería: padaria.
queso: queijo.
sándwich: sanduíche.
té: chá.
yogurt: iogurte.
zumo/jugo: suco.

LÍNGUA ESPANHOLA

4 Escucha y escribe los nombres de los alimentos faltantes en los diálogos.
(Escute e escreva os nomes dos alimentos faltantes nos diálogos.)

a)

Una mañana en la casa.

Bruna: ¡Ay, qué hambre!
Ana: Yo también. ¿Me pasas el _____?
Bruna: Sí, aquí lo tienes.

Ana: ¡Qué rico! Voy a hacerme un _____ de pan

y _____.

Bruna: Y yo, uno con _____ y _____.

b)

Una mañana en la panadería.

Señora: ¡Buenos días!
Señor: ¡Buenos días!
Señora: Quiero dos litros de _____, por favor.
Señor: Aquí están. ¿Algo más?

Señora: Una _____ y un paquete

de _____.
Señor: Listo. ¿Algo más?
Señora: No, no, nada más. ¿Cuánto es?
Señor: Son 65 reales.

VOCABULARIO

almorzar: almoçar (verbo).
almuerzo: almoço.
cena: jantar.
cenar: jantar (verbo).

desayunar: tomar o café da manhã.
desayuno: café da manhã.
merendar: lanchar (verbo).
merienda: lanche.

El almuerzo
(O almoço)

Yo **almuerzo** a las 12:00.
Y ella también **almuerza** a las 12:00.

5 Habla y escribe sobre las comidas usando los verbos del cuadro.
(Fale e escreva sobre as refeições usando os verbos do quadro.)

almorzamos   almuerzan
almuerza   almuerzo

a) ¿A qué hora almuerzas?

Yo _____ a las 12:00.

b) ¿A qué hora almuerza tu amigo(a)?

Él/Ella _____.

c) ¿A qué hora almuerza tu familia los fines de semana?

Nosotros _____.

d) ¿A qué hora almuerzan tus abuelos?

Ellos _____.

La cena
(O jantar)

> Nosotros **cenamos** a las 19:30.

6 Completa las frases usando los verbos del cuadro.
(Complete as frases usando os verbos do quadro.)

| cenar | cenamos | cenas | cena | ceno | cenan |

a) Hoy yo voy a _____ a las 11:00.

b) ¿A qué hora (tú) _____?

c) Él nunca _____.

d) Los sábados (nosotros) _____ tarde.

e) ¿Vamos a _____ sándwich de jamón?

f) Nosotros _____ a las 20:00.

g) Los sábados (yo) _____ tarde.

h) Hoy voy a _____ pizza.

i) Mis abuelos _____ a las 6 de la tarde.

VOCABULARIO

fideo: macarrão.
gaseosa: refrigerante.
helado: sorvete.
jamón: presunto.
papa: batata.
pescado: peixe.
pollo: frango.
poroto: feijão.

7 Marque la opción correcta.
(Marque a opção correta.)

a)
- ☐ ¿Te gusta el chocolate?
- ☐ ¿Les gusta el chocolate?

Sí, me gusta mucho.

b)
- ☐ ¿Nos gusta comer pollo?
- ☐ ¿Qué le gusta comer?

Le gusta comer pollo.

c)
- ☐ ¿Te gusta beber jugo?
- ☐ ¿Qué le gusta beber?

Le gusta beber jugo.

d)
- ☐ ¿Te gustan las ensaladas?
- ☐ ¿Te gustan los jugos?

Sí, me gustan los jugos.

8 ¿Qué les gusta a las niñas?
(Do que gostam as meninas?)

A la niña de rojo le gusta _____,

pero a la niña de amarillo le gusta _____.

9 Escribe.
(Escreva.)

> Buenos días, ¿Qué van a comer?

> Yo quiero sopa y una **ensalada** completa.

> Quiero arroz, carne y **papas fritas**. Y, para tomar, un **jugo de naranja**.

Personajes: _____.

Local: _____. Horario: _____.

VOCABULARIO

camarero: garçom.
ensalada: salada.
jugo de naranja: suco de laranja.
papas fritas: batatas fritas.

10 Escribe el guion del diálogo en el cuadro siguiente.
(Escreva o roteiro no boxe abaixo.)

¿Qué van a comer?   ¿Qué quieren de postre?
Por favor,…   Lo siento, no tenemos…
Como no.   Yo quiero…
Muchas gracias.   La cuenta, por favor.

11 Crea tu menú.
(Crie seu cardápio.)

MENÚ

COMIDAS

POSTRES

BEBIDAS

LECCIÓN 6

Voy a ser...
(Eu vou ser...)

Escucha y lee.
(Escute e leia.)

Cristina: Hernando, ¿en qué trabaja tu papá?
Hernando: Es **abogado**, y mi mamá es **arquitecta**.
Cristina: Mi padre es **comerciante**.
Hernando: ¿Y tu mamá?
Cristina: Es **ingeniera**.
Hernando: Cuando seas grande, ¿qué vas a ser?
Cristina: No sé, ¿y tú?
Hernando: A veces pienso que quiero ser **físico** y estudiar mucho.
Cristina: ¡Qué bien!
Hernando: Pero, a veces, también pienso en ser **jugador** de fútbol.
Cristina: ¡Uf!, menos mal que te falta mucho tiempo para decidir…

ACTIVIDADES

1 Contesta las preguntas según el texto.
(Responde as perguntas segundo o texto.)

a) El padre de Cristina es _____.

b) Y su madre es _____.

c) El padre de Hernando es _____.

d) Y su madre es _____.

e) ¿Cristina sabe lo que quiere ser? ☐ Si   ☐ No

f) Hernando será _____ o _____.

2 Ahora contesta las preguntas con tus informaciones personales.
(Agora, responda as perguntas com suas informações pessoais.)

a) ¿Qué hace tu padre? Él es _____.

b) ¿En qué trabaja tu madre? Ella es _____.

c) ¿Qué vas a ser cuando seas grande?

Yo voy a ser _____.

VOCABULARIO

abogado: advogado.
arquitecta: arquiteta.
comerciante: comerciante.
físico: físico.
ingeniera: engenheira.
jugador: jogador.

3 Escucha y discute con tus compañeros sobre las profesiones.
(Escute e discuta com seus colegas sobre as profissões.)

Pablo es ingeniero.

Gabriel es dibujante.

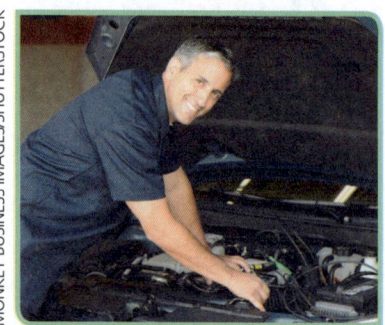

Antonio es mecánico.

Andrea es arquitecta.

Lucía es pianista.

Julio es actor.

Raquel es profesora.

Renata es azafata.

Alfredo es panadero.

Víctor es abogado.

Manuel es cocinero.

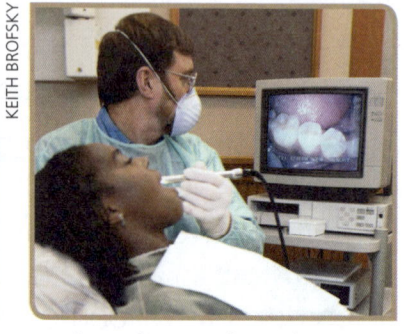

José es dentista.

VOCABULARIO

actor: ator.
azafata: aeromoça.
cocinero: cozinheiro.
dentista: dentista.
dibujante: desenhista.
mecánico: mecânico.
panadero: padeiro.
pianista: pianista.
profesora: professora.

La gente que yo conozco y sus profesiones.
(As pessoas que eu conheço e suas profissões.)

4 Recorta e pega las profesiones de algunas personas conocidas.
(Recorte e cole as profissões de algumas pessoas conhecidas.)

5 Completa con los pronombres personales.
(Complete com os pronomes pessoais.)

> Ellos   Vosotros   Yo   Tú   Él   Ella   Nosotros

a) _____ soy profesora de español.

b) _____ eres azafata.

c) _____ es dibujante.

d) _____ es abogada.

e) _____ somos mecánicos.

f) _____ sois actores.

g) _____ son jardineros.

6 Completa las frases con el verbo ser en la forma negativa.
(Complete as frases com o verbo ser na forma negativa.)

a) Yo _____ ingeniero.

b) Tú _____ estudiante.

c) Él _____ profesor.

d) Ella _____ arquitecta.

e) Nosotros _____ cocineros.

f) Vosotros _____ médicos.

g) Ellos _____ abogados.

7 Completa las frases con lo que falta.
(Complete a frases com o que falta.)

a) _____ soy panadero.

b) Tú _____ arquitecto.

c) Ella _____ actriz.

d) _____ profesores.

e) _____ sois abogados.

f) Ellas _____ pianistas.

8 Une y forma frases.
(Relacione e forme frases.)

Los músicos tocan…	en aviones.
Las azafatas vuelan…	en escuelas.
Las cocineras cocinan…	instrumentos.
Los profesores enseñan…	en obras de teatro.
Los actores actúan…	en restaurantes.
Los dibujantes dibujan…	historietas.

9 Relaciona las profesiones con los verbos.
(Relacione os verbos com as profissões.)

a) profesor/profesora

b) azafata/comisario de vuelo

c) músico/música

d) actriz/actor

e) dibujante

f) cocinero/cocinera

dibujar ☐

enseñar ☐

actuar ☐

volar ☐

cocinar ☐

tocar ☐

10 Crea personajes.
(Crie personagens.)

Vamos a practicar los cuantificadores: *mucho, poco, demasiado, nada.*

(Vamos conhecer e praticar *mucho, poco, demasiado, nada*.)

¿Estás cansada?
No, **nada**.

¿Trabajas **poco**?
No, trabajo **mucho**.

¿Trabajas **mucho**?
Sí, **mucho**.

¿Estudias **mucho**?
Sí, **demasiado**.

11 Contesta las preguntas usando mucho, poco, demasiado, nada.
(Responda as perguntas usando *mucho, poco, demasiado, nada*.)

a) ¿Estudias mucho?

_____.

b) ¿Tu madre trabaja mucho?

_____.

c) ¿Y tu papá?

_____.

d) ¿Estás cansado?

_____.

e) ¿Te gusta estudiar?

_____.

f) ¿Te gustan los helados?

_____.

Vamos a comparar.
(Vamos comparar.)

Para comparar usamos las siguientes palabras en español:

más + adjetivo + **que**   **menos** + adjetivo + **que**

Mira estos ejemplos:

El gato es **más silencioso que** el perro.

El perro es **menos rápido que** el tigre.

El tigre es **más grande que** el ratón.

Uruguay es **más pequeño que** Brasil.

También existen algunas formas irregulares:

mejor – **peor**

Este teléfono es **mejor que** aquel otro.

Yo soy **peor** en matemáticas **que** en español.

12 Compara usando el cuadro.
(Compare usando o quadro.)

más baja	menor	más grande
más flaca	más alta	mayor
más pequeña	~~más gordo~~	

Modelo:

El elefante es **más gordo que** la serpiente.

La serpiente es _____ _____ que el elefante.

La tortuga es _____ _____ que la jirafa.

La jirafa es _____ _____ que la tortuga.

El perro es _____ _____ que la hormiga.

La hormiga es _____ _____ que el perro.

El perro negro es _____ que el blanco.

El perro blanco es _____ que el negro.

13 Compara las edades. Usa **mayor que**, **menor que**, **de la misma edad que**.
(Compare as idades. Use *mayor que, menor que, de la misma edad que.*)

Pedro tiene 6 años.    Antonio tiene 7 años.    María tiene 7 años.

Taís tiene 8 años.    Julieta tiene 8 años.    José tiene 9 años.

> **Modelo:**
>
> María y Pedro
>
> | mayor que | menor que | de la misma edad que |
>
> María es mayor que Pedro.

a) Julieta y Antonio

_____.

b) Pedro y José

_____.

c) Taís y Julieta

_____.

d) José y Taís

_____.

e) María y Julieta

_____.

REVISIÓN

Aprendiste:
(Você aprendeu:)

- a decir los nombres de algunos alimentos del desayuno:

  | café | jalea | manteca | queso | sándwich |
  | galleta | leche | pan | yogurt | té. |

- a hacer compras, pedir y preguntar:
  Quiero…; ¿Cuánto es?

- a decir los nombres de algunos alimentos del menú del restaurante:

agua	ensalada	jugo	pollo	helado
arroz	fideo	papas fritas	poroto	huevo
carne	gaseosa	pescado	postre	torta.

- a decir las preferencias de comidas, preguntar y pedir en restaurantes:
  ¿Qué van a comer?; ¿Qué van a querer de postre?
  ¿Qué le gusta…?; ¿Te gusta…?

- a decir los nombres de algunas profesiones:

  abogado(a)   cocinera(o)   jugador(a)   mecánico(a).
  actor(actriz) dentista   músico(a)
  arquitecta(o) dibujante   panadera(o)
  azafata   ingeniera(o)   profesor(a)

- a usar algunos adverbios de cantidad:
  mucho; poco; demasiado; nada.

- a hacer comparaciones:
  más gordo(a); más flaco(a); más alto(a); más bajo(a); mayor que; menor que.

1 Escucha y ordena.
(Escute e coloque na ordem.)

a) ☐ Aquí los tiene. ¿Algo más?
☐ Buenos días.
☐ No, nada más.
☐ Buenos días.
☐ Quiero dos litros de leche, por favor.

b) ☐ Es comerciante.
☐ ¿Y tu papá?
☐ ¿Tu mamá trabaja?
☐ Sí, es abogada.

c) ☐ Gracias.
☐ Buenas noches.
☐ Buenas noches.
☐ Aquí tiene el menú.

d) ☐ ¡Qué bien!
☐ Cuando seas grande, ¿qué vas a ser?
☐ Voy a ser abogado.
☐ No sé, ¿y tú?

2 Haz tu propio diálogo.
(Faça seu próprio diálogo.)

Eres el vendedor de la panadería y llega un cliente para comprar jamón, gaseosa y pan.

_____
_____
_____
_____
_____

3 Haz otro diálogo.
(Faça outro diálogo.)

Llega un nuevo alumno a tu escuela y quieres saber qué hace él, qué hacen los padres, dónde vive etc.

_____
_____
_____
_____
_____
_____

4 Escribe tu menú preferido para cada una de las comidas del día.
(Escreva seu cardápio preferido para cada uma das refeições do dia.)

a) Como desayuno prefiero comer _____

_____.

b) Para el almuerzo prefiero _____

_____.

c) Y para la cena prefiero _____

_____.

5 ¿Cuáles son las cosas que no te gustan comer?
(Quais são as coisas que você não gosta de comer?)

No me gustan _____

_____.

6 Piensa en el futuro.
(Pense no futuro.)

Yo soy _____,

tengo _____ años, vivo en _____.

Soy _____ y trabajo en _____

_____

_____.

LECCIÓN 7
¿Qué le pasa a Juan?
(O que acontece com Juan?)

Escucha y lee.
(Escute e leia.)

Juan y su mamá están en el consultorio de la médica porque a Juan le duele la barriga.

Una enfermera lo pesa y lo mide. Luego le coloca el termómetro en la axila.

Le pide el **carnet de vacunación** y anota los datos en la ficha.

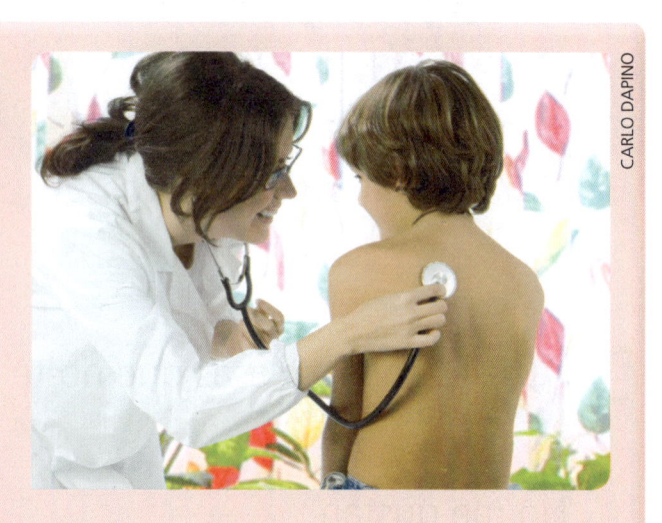

Entran al consultorio y la médica le examina los pulmones y el corazón.

Juan se acuesta en la **camilla** y la médica le revisa la vista, el **oído**, la nariz, la garganta y el abdomen.

La médica le hace algunas preguntas y le da el diagnóstico: muchos chocolates y **golosinas**.

¿La receta? Comida **liviana**, mucho líquido y un remedio.

¡Ay Juan, más cuidado con lo que comes!

Texto hecho especialmente para el libro.

VOCABULARIO

camilla: maca.
carnet de vacunación: caderneta de vacinação.
golosinas: guloseimas.
liviana: leve.
oído: ouvido.

ACTIVIDADES

1 Contesta las preguntas a partir del texto.
(Responda as perguntas a partir do texto.)

a) Juan y su madre están en el _____.

b) Fueron al médico porque a Juan le duele la _____.

c) La _____ lo pesa y lo mide.

d) La médica le examina los _____

   y el _____.

e) Juan está enfermo porque come muchos _____

   y golosinas.

2 Contesta las siguientes preguntas personales.
(Responda as seguintes perguntas pessoais.)

a) Y a ti, cuando comes muchos chocolates y golosinas, ¿qué te pasa? ¿Qué haces para mejorar?

_____

_____.

b) ¿Te gusta ir al médico(a)?

_____.

3 Agustín tiene un malestar. Descubre cuál es, cambiando los símbolos por las letras.
(Agustín tem um mal-estar. Descubra-o trocando os símbolos por letras.)

A = 🕊 B = 🚲 C = 📓 D = ★ E = 🎁 F = 👁 G = 🏌 H = 🎵 I = 🐈
J = ✈ K = ☪ L = ✦ M = 🚭 N = 🗝 Ñ = 🎗 O = 💐 P = 🗡 Q = ☂
R = 👂 S = 📌 T = 🎬 U = 🕸 V = 🕷 W = 🔊 X = 🌍 Y = ♥ Z = 🛏

★ 💐 ✦ 💐 👂 ___ ___ 🎁 🗝 ___ ✦ 🕊

🚲 🕊 👂 👂 🐈 🏌 🕊
___ ___ ___ ___ ___ ___ ___

4 Busca 5 partes del cuerpo en la sopa de letras.
(Procure 5 partes do corpo no caça-palavras.)

G	A	R	G	A	N	T	A	A	D	H	K	N	X
C	Ñ	G	M	I	X	V	B	Q	J	U	V	O	A
É	L	R	F	F	I	P	D	E	P	S	A	Í	S
L	G	S	M	T	U	Y	T	D	Ó	C	B	D	Q
K	H	N	A	R	I	Z	B	A	R	E	H	O	T
A	Í	C	J	H	B	I	G	X	P	R	Ñ	Q	P
N	I	M	K	Á	X	L	L	I	S	Z	C	F	J
K	O	G	L	N	V	M	J	L	S	C	L	N	H
Y	W	L	O	F	C	O	R	A	Z	Ó	N	M	B

Vamos a ver que les pasa a estas personas.

(Vamos ver o que acontece com estas pessoas.)

A nosotras nos duele la cabeza.

Tengo fiebre y me duele la garganta.

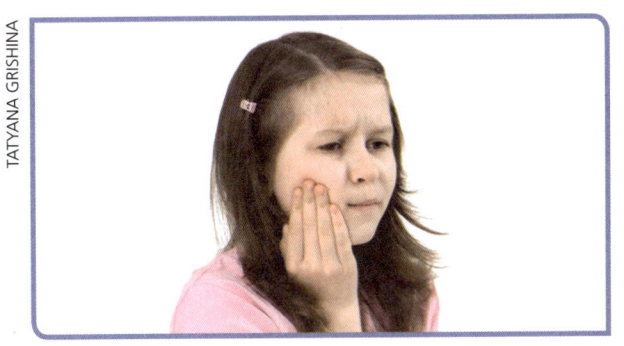

Me duelen las muelas.

A ella le duele el oído.

Me duele la espalda.

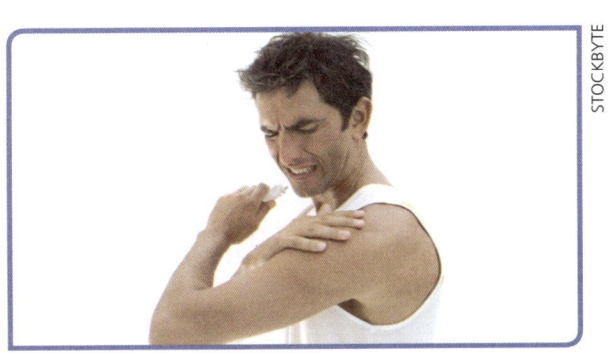

Me duelen los brazos.

VOCABULARIO

brazos: braços.
cabeza: cabeça.
espalda: costas.

fiebre: febre.
garganta: garganta.

muelas: dentes molares.

5 Vamos a conocer mejor el verbo doler. Escucha y une las 2 columnas.
(Vamos conhecer melhor o verbo *doler*. Escute e una as 2 colunas.)

¿A ti te duele   la panza.

A mí me duelen   la espalda.

A José no le duele   la cintura.

A María le duele   los oídos.

A ti te duelen   la cabeza?

¿A Uds. les duelen   los pies.

A él no le duele   las muelas.

A nosotras nos duelen   las piernas?

¡Atención!
(Atenção!)
¿Te acuerdas de los pronombres?

Ustedes = Uds.

6 ¿Qué frases has encontrado? Reescríbelas.
(Que frases você encontrou? Reescreva-as.)

a) _____

b) _____

c) _____

d) _____

e) _____

f) _____

g) _____

h) _____

7 Haz un dibujo que muestre una de las situaciones anteriores.
(Faça um desenho que mostre uma das situações anteriores.)

8 Vamos a conversar y escribir qué sienten estas personas.
(Converse e escreva o que sentem estas pessoas.)

Modelo:

Pedro/los ojos

– ¿Qué le duele a Pedro?

– Le duelen los ojos.

a) María/los brazos

¿Qué le _____ a _____?

Le _____.

b) Luis y Manuel/los pies

¿Qué les _____ a _____?

_____ duelen los _____.

c) Laura/la cabeza

¿Qué _____ duele a _____?

Le _____ la _____.

d) Tú/el dedo pulgar

¿Qué _____ duele?

Me _____ el _____.

e) Tú/la garganta

¿Qué _____ duele?

Me duele _____.

f) Tú/la espalda

¿Qué _____ duele?

_____ duele _____.

g) Ellos/la cintura

¿Qué _____ duele?

Les duele _____.

h) Los niños/la panza

¿Qué _____ duele a _____?

Les duele _____.

i) Ella/los dientes de leche

¿Que le duele a _____?

_____ duelen _____.

VOCABULARIO

dedo pulgar: polegar.
diente de leche: dente de leite.
ojos: olhos.
panza: barriga.

9 Escucha y completa el texto sobre la salud de los dientes.
(Escute e complete o texto sobre a saúde dos dentes.)

La primera dentición comienza a caerse a los ☐ años.

Estos se llaman los dientes de leche. Son ☐ y después, cuando llegan los definitivos, serán ☐.

Hay que cuidarlos durante toda la vida, **cepillarlos** después de cada comida y antes de acostarse.

La persona que cuida de nuestros dientes se llama dentista y tenemos que consultarlo(a) muy **a menudo**. Ella nos dirá si nuestros dientes están sanos.

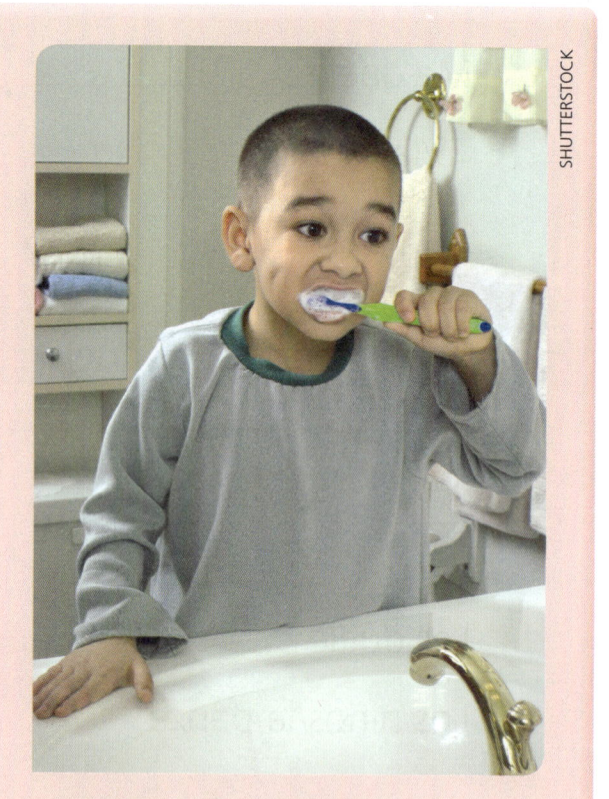

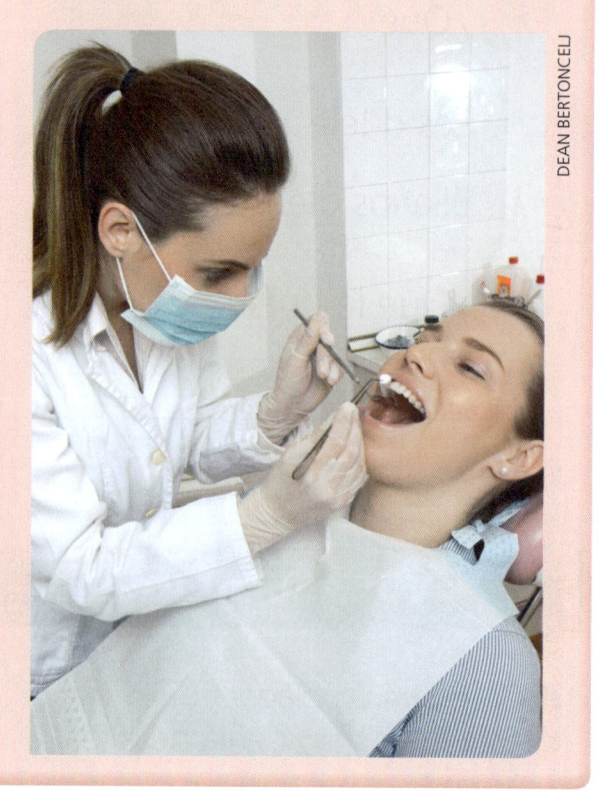

VOCABULARIO

cepillarlos: escová-los.
a menudo: com frequência.

10 Relaciona las palabras con las imágenes.
(Relacione as palavras com as imagens.)

a) doctora   d) jarabe   g) cuentagotas
b) pomada   e) enfermo   h) tos
c) receta   f) estornudo

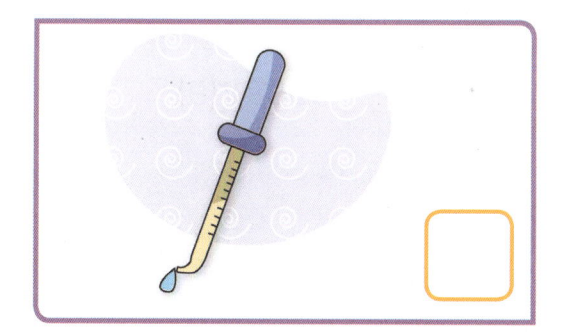

11 Recorta y pega lo que se pide.
(Recorte e cole o que se pede.)

jarabe	pomada
termómetro	doctor(a)
remedio	dentista

12 Escucha y encuentra qué hacen estas personas cuando no se sienten bien.
(Escute e encontre o que fazem estas pessoas quando não se sentem bem.)

a) Tengo fiebre. ☐ Voy al dentista.

b) Me duele la cabeza. ☐ Tomo miel.

c) Estoy estornudando. ☐ Uso el termómetro.

d) Tengo tos. ☐ Voy al médico.

e) Me duele un diente. ☐ Tomo bastante líquido.

f) Me lastimo la pierna. ☐ Me pongo hielo.

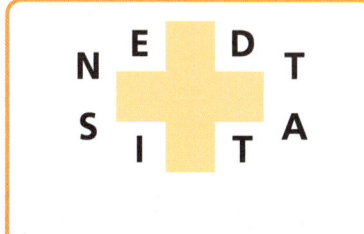

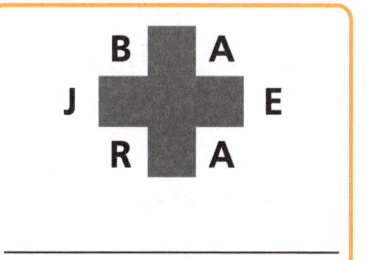

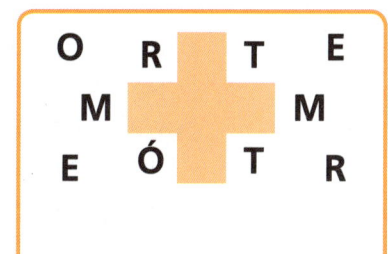

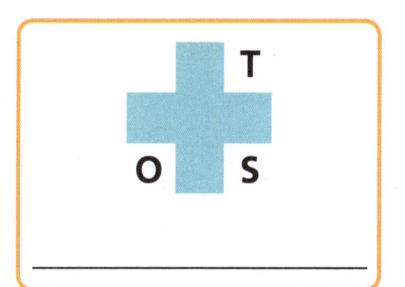

13 Pon en orden y encuentra estas palabras.
(Coloque em ordem e encontre estas palavras.)

| jarabe | cuentagotas | dentista |
| pomada | termómetro | tos |

A M A D O P _____

N E D T S I T A _____

B A J E R A _____

N T E G C O T S A U A _____

O R T E M M E Ó T R _____

T O S _____

LECCIÓN 8

Llegan las vacaciones
(Chegam as férias)

Escucha y lee.
(Escute e leia.)

Todos los años, en las vacaciones, vamos a la casa de mi tío Ricardo.

Vamos en coche pues demoramos 6 horas para llegar.

La casa de mi tío está en un **pueblo** pequeño. Muy cerca hay un **puente de hierro**.

Debajo corre un río cubierto de **camalotes** y bordeado de juncos adonde los caballos van a refrescarse. ¡Cuántos campos y **corrales** con vacas y ovejas!

A nosotros, por la mañana, nos encanta ir hasta la huerta para comer naranjas, bananas y **frutillas**.

Por la tarde **remontamos cometas**, andamos a caballo, alimentamos a los patos y a los **cerdos**.

Por la noche, muy cansados, nos **tumbamos** en las **hamacas** bajo la luz de la luna esplendorosa.

Texto hecho especialmente para el libro.

VOCABULARIO

camalotes: vegetação flutuante dos rios.
cerdos: porcos.
corrales: currais.
frutillas/fresas: morangos.
hamacas: redes.
pueblo: povoado, vila.
puente de hierro: ponte de ferro.
remontamos cometas: empinamos pipas.
tumbamos: deitamos.

ACTIVIDADES

1 Contesta las siguientes preguntas.
(Responda as seguintes perguntas.)

a) En sus vacaciones, los chicos viajan a la _____ del _____.

b) La casa está en un _____ pequeño.

c) En las cercanías de la casa hay un _____ de hierro, _____, _____ con vacas y _____ y una _____.

d) En la hacienda hay _____, ovejas, _____, _____ y cerdos.

e) En la hacienda los chicos van a la _____ a comer _____, _____ y _____, remontan _____, andan a _____, alimentan a los _____ y a los _____.

f) ¿Qué haces tú en las vacaciones?

_____.

2 Marca lo que **no** haces durante tus vacaciones.
(Marque o que você não faz nas férias.)

- [ ] estudio
- [ ] voy a la playa
- [ ] duermo temprano
- [ ] ando en bici
- [ ] ayudo a mis padres
- [ ] voy al cine
- [ ] juego con los amigos
- [ ] remonto cometas

3 Dibuja tu idea de unas buenas vacaciones.
(Desenhe sua ideia de umas boas férias.)

4 Es vacaciones. ¡Vamos a la playa! Ve a la página 127.
(Férias! Vamos para a praia! Vá para a página 127.)

Vamos a divertirnos en las vacaciones.

(Vamos nos divertir nas férias.)

El parque de diversiones

El campo

La playa

El cine

El museo

El acuario

5 ¿Vamos de paseo? Completa los diálogos.
(Vamos passear? Complete os diálogos.)

a) Vamos al cine.

– ¿Con quién vas al cine?

– Voy con _____.

– ¿Qué vas a ver?

– Voy a ver _____.

b) Vamos a la playa.

– ¿Te pasas protector solar?

– _____.

c) Vamos al campo.

– ¿Qué animales hay en el campo?

– Hay _____.

d) Vamos al centro comercial.

– ¿Qué compras?

– Compro _____.

e) Vamos al teatro.

– ¿Te gusta el teatro?

– _____.

– ¿Qué obra has visto?

– He visto _____.

Vamos a conocer las atracciones de un parque de diversiones.

(Vamos conhecer as atrações de um parque de diversões.)

El tobogán

La rueda gigante

Los autitos chocadores

La montaña rusa

Las calesitas

6 Contesta y dibuja.
(Responda e desenhe.)

a) ¿Te gusta ir al parque de diversiones?

_____

b) ¿Con quién vas?

_____

c) ¿Qué comes en el parque de diversiones?

_____

d) ¿Y qué tomas?

_____

e) ¿Qué parque de diversiones conoces en tu ciudad?

_____

f) ¿Qué juguete te gusta más?

_____

g) Dibuja tu suguete preferido.

REVISIÓN

Aprendiste:
(Você aprendeu:)

- a usar el verbo doler:
  A mi me duele/duelen; A ti te duele/duelen; A él/ella/Ud. le duele/duelen; A nosotros nos duele/duelen; A ellos/ellas/Uds. les duele/duelen.

- a usar nuevo vocabulario sobre la salud:
  el doctor; la doctora; el termómetro; la enfermera; el enfermo; el cuentagotas; la pomada; el jarabe; el estornudo; el dentista; el frasco de remedio; los nombres de algunas enfermedades.

- a usar nuevo vocabulario sobre partes del cuerpo:
  la barriga; la panza; las muelas; el oído; la cintura.

- a decir los nombres de lugares donde se va en las vacaciones:
  el cine; la playa; el campo; la plaza; el museo; el teatro; el centro comercial; el parque de diversiones; la rueda gigante; la montaña rusa; las calesitas; los autitos chocadores; el tobogán.

1 Completa con el verbo doler.
(Complete com o verbo *doler*)

A ella le _____.

2 ¿Qué les pasa a estas personas?
(O que acontece a essas pessoas?)

_____   _____   _____

3 Busca en la sopa de letras 5 lugares donde se va en las vacaciones.
(Procure no caça-palavras 5 lugares para onde ir durante as férias.)

G	A	C	I	N	E	T	A	A	D	H	K	N	X
C	Ñ	G	M	I	X	V	B	Q	J	U	V	O	A
É	L	R	F	F	I	P	D	E	P	S	A	P	S
L	G	S	M	T	U	Y	T	D	Ó	C	B	L	Q
K	C	N	A	A	C	U	A	R	I	O	H	A	T
A	A	C	J	H	B	I	G	X	P	R	Ñ	Y	P
N	M	M	K	Á	X	L	L	I	S	Z	C	A	J
K	P	G	L	N	M	U	S	E	O	C	L	N	H
Y	O	L	O	F	C	O	R	A	Z	Ó	N	M	B
O	M	U	K	C	X	L	Y	I	T	Z	O	K	J
A	L	G	F	H	I	P	O	E	W	S	A	B	D

GLOSARIO

A

a menudo – com frequência
abdomen (el) – abdome
abogado (el) – advogado
acostarse – deitar
actriz (la) – atriz
actuar – atuar
ajedrez (el) – xadrez
almorzar – almoçar
almuerzo (el) – almoço
arquitecto (el) – arquiteto
autito chocador (el) – carrinho bate-bate
autito de carrera (el) – carrinho de corrida
avión (el) – avião
azafata (la) – aeromoça

B

baloncesto (el) – basquete
balonvolea (el) – vôlei
blanco – branco
bombacha (la) – calcinha

C

caballo (el) – cavalo
calesitas (las) – carrossel
camalote (el) – planta aquática típica de regiões pantanosas
camilla (la) – maca
camiseta (la) – camiseta
carne (la) – carne
carnet de vacunación (el) – carteira de vacinação
cebra (la) – zebra
cenar – jantar
centro comercial (el) – *shopping*
cepillarlos (verbo cepillarse) – escovar
chico (el) – menino, garoto
chocolate (el) – chocolate
cine (el) – cinema
cintura (la) – cintura
coche (el) – carro
cocinar – cozinhar
cocinera (la) – cozinheira
colorear – colorir

cometa (la) – papagaio, pipa
corona de laureles (la) – coroa de folhas de louro
corral (el) – curral
cuentagotas (el) – conta-gotas

D

deporte (el) – esporte
desayunar – tomar café da manhã
dibujante (el) – desenhista
dibujar – desenhar
dibujo (el) – desenho
diente (el) – dente
dioses (los) – deuses
doctor (el) – doutor
dolor (el) – dor
dulce (el) – doce

E

ensalada (la) – salada
enseñar – ensinar
entrelazados (verbo entrelazar) – entrelaçados
espalda (la) – costas
estornudo (el) – espirro
estudiante (el) – estudante

F

fideo (el) – macarrão
fiebre (la) – febre
foca (la) – foca
frasco de remedio (el) – vidro de remédio
frutilla/fresa (la) – morango
fútbol (el) – futebol

G

galleta (la) – bolacha, biscoito
gallo (el) – galo
gaseosa (la) – refrigerante
golosina (la) – guloseima
gustar – gostar

H

haber – haver
hacer – fazer
hamaca (la) – rede
hambre (el) – fome
helado (el) – sorvete
hielo (el) – gelo
hierro (el) – ferro
huerta (la) – horta
huevo duro (el) – ovo cozido
huevo frito (el) – ovo frito

I

ingeniero (el) – engenheiro
invierno (el) – inverno

J

jalea (la) – geleia
jamón (el) – presunto
jarabe (el) – xarope
jardinero (el) – jardineiro
jugar – brincar
jugo (el) – suco
juguete (el) – brinquedo

L

leche (la) – leite
león (el) – leão

M

mami (la) – mãe (tratamento carinhoso)
manteca (la) – manteiga
martes (el) – terça-feira
mecánico (el) – mecânico
media (la) – meia
mono (el) – macaco
montaña rusa (la) – montanha-russa
muela (la) – dente molar
muñeca (la) – boneca

N

naranja (la) – laranja (cor e fruta)
noche (la) – noite

O

oído (el) – ouvido
oso de peluche (el) – urso de pelúcia
otoño (el) – outono

P

pala (la) – pá
pan (el) – pão
panadería (la) – padaria
panadero (el) – padeiro
pantalones (los) – calças compridas
panza (la) – barriga
papas fritas (las) – batatas fritas
paquete (el) – pacote
parecer – parecer
parque de diversiones (el) – parque de diversões
pasar – passar
patines (los) – patins
película (la) – filme
pelota (la) – bola
personaje (el) – personagem
pescado (el) – peixe

pie (el) – pé
pimpón (el) – pingue-pongue
playa (la) – praia
plaza (la) – praça
pollo (el) – frango
poroto (el) – feijão
postre (el) – sobremesa
pueblo (el) – cidade pequena, povoado
pulmón (el) – pulmão

Q

queso (el) – queijo

R

receta (la) – receita
reloj (el) – relógio
remontar – empinar
rueda gigante (la) – roda-gigante

S

salvaje – selvagem
serpiente – cobra

súper (el) – supermercado (forma abreviada)

T

té (el) – chá
tenis (el) – tênis (esporte)
tocar – tocar
torta (la) – bolo
tos (la) – tosse
tumbamos (verbo tumbar) – deitamos (deitar)

V

vacaciones (las) – férias
verano (el) – verão
videojuego (el) – *videogame*
volar – voar

Y

yogurt (el) – iogurte

Z

zoo (el) – zoológico (forma abreviada)
zorro (el) – raposa

ACTIVIDADES COMPLEMENTARIAS

PLEGADO – ELEFANTE (I)

1. Dobla la hoja al medio.

2. Dobla como muestra la imagen.

3. Dobla de nuevo.

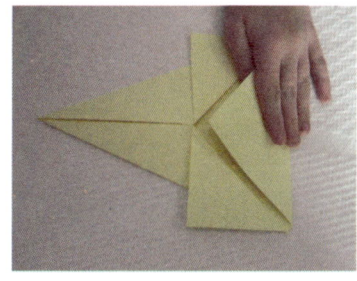

4. Dobla la punta hacia dentro.

5. Da vuelta al plegado y nuevamente dobla la punta.

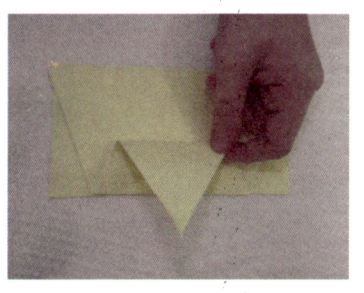

6. Dobla la punta al medio.

7. Dibuja la cara.

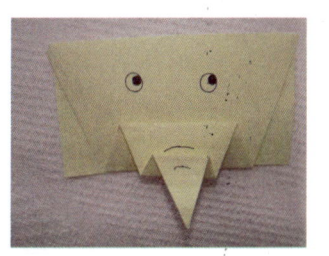

8. Dobla una vez más la trompa y está listo el elefante.

ACTIVIDADES COMPLEMENTARIAS

Parte integrante da Coleção Eu gosto m@is - Língua Espanhola 3º ano - IBEP.

PLEGADO – ELEFANTE (II)

✂ Cortar

EL ZOO

Jirafa

Cocodrilo

Hipopótamo

Cebra

Tortuga

Mono

Canguro

Papagaio

✂ Cortar

ACTIVIDADES COMPLEMENTARIAS

JUEGO – DADO

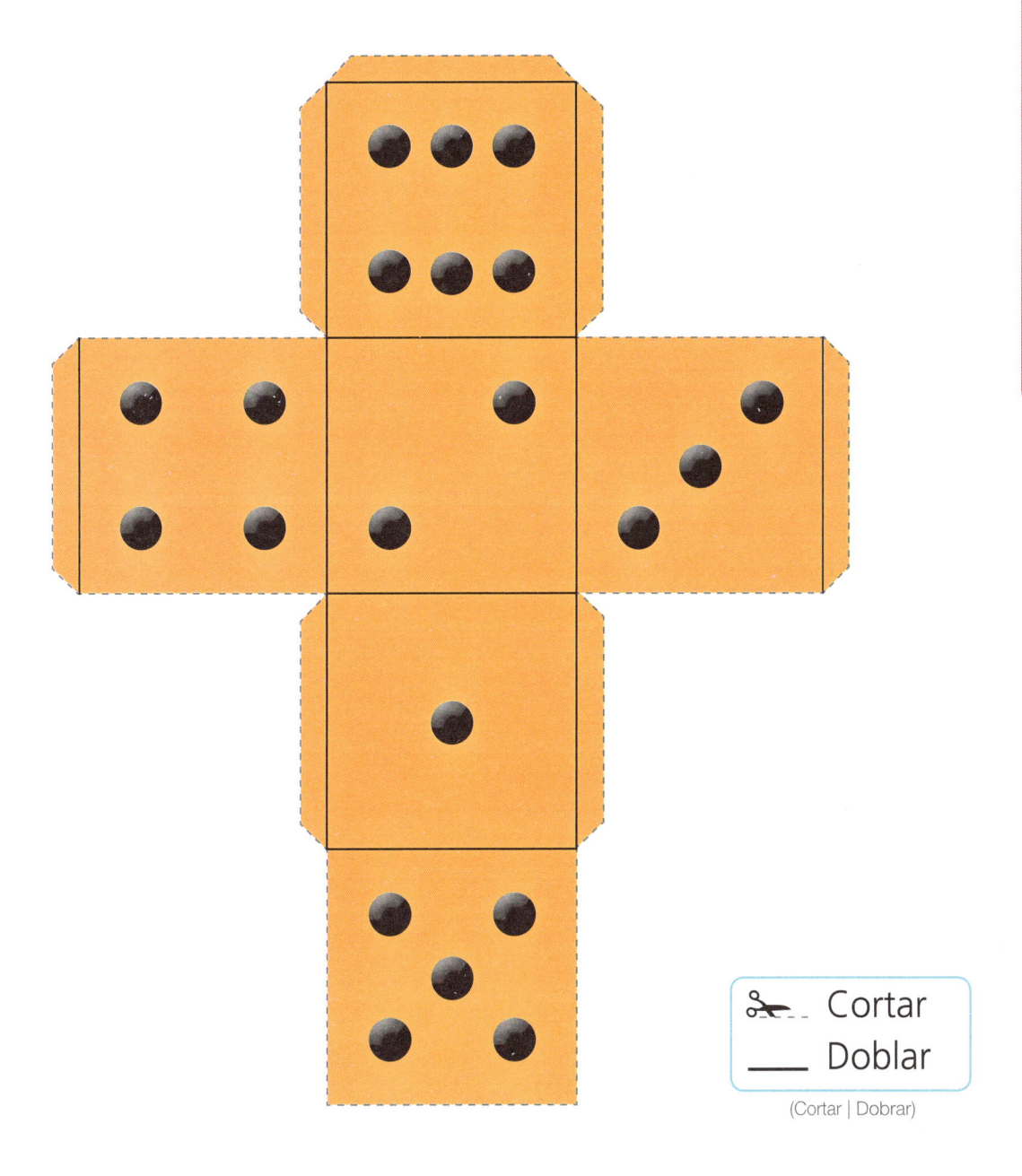

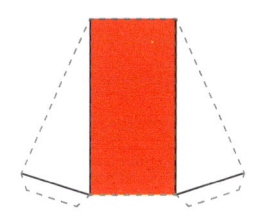

ACTIVIDADES COMPLEMENTARIAS

✂ Cortar
— Doblar

(Cortar | Dobrar)

Parte integrante da Coleção Eu gosto m@is - Língua Espanhola 3º ano - IBEP.

LA ROPA

Cortar

ACTIVIDADES COMPLEMENTARIAS

ALMANAQUE

✂ Cortar

ACTIVIDADES COMPLEMENTARIAS

| OCTUBRE | DICIEMBRE |

| ABRIL | FEBRERO |

| JUNIO | MARZO |

| ENERO | NOVIEMBRE |

| AGOSTO | MAYO |

| SEPTIEMBRE | JULIO |

¡VAMOS A LA PLAYA!

ACTIVIDADES COMPLEMENTARIAS

Parte integrante da Coleção Eu gosto m@is - Língua Espanhola 3º ano - IBEP.